高校教学信息化研究

◎刘晓 著

湘潭大学出版社
XIANGTAN UNIVERSITY PRESS

前 言

随着教育改革的不断深入和信息技术的不断融合，高校教学信息化已成为提升教育质量、促进教育公平、实现教育现代化的重要途径。面对这一趋势，如何有效推进高校教学信息化，并使之成为驱动教育创新、提高教学效率与质量的关键力量，是教育领域亟待探索和实践的重大课题。本书正是在这样的背景下应运而生，旨在通过系统深入的研究，为高校教学信息化的实践提供理论指导与策略建议，助力我国高等教育事业在新时代的浪潮中稳步前行。

本书内容涵盖高校教学信息化的多个维度，从概述到实践，层层递进，构建起一个完整而深入的研究框架。第一章从宏观视角出发，概述高校教学信息化的基本概念及其支撑环境，分析信息化职能机构的设置与职责，探讨实施信息化的基础以及信息技术与高校课程的整合；第二章聚焦教学管理信息化，通过具体认知、建设理论、现状分析与优化对策的阐述，为高校教学管理信息化的实践提供全面而深入的指导；第三章探索高校教学模式的信息化，详细论述混合式、微课、慕课及VR课堂等新型教学模式，展现信息技术如何为高校教学带来革命性的变化；第四章围绕教学评价信息化展开，构建信息化平台下的教学质量评价体系，并分享教学督导评价信息化的实践经验；第五章着重于教师队伍的信息化建设，探讨教师信息化教学能力的提升路径与队伍建设策略；第六章将视线投向教学信息化的建设应用，分析网络教学系统、精品课程录播教室、多媒体综合教室、闭路电视系统以及数字化校园的建设方案，为高校教学信息化的具体实施提供丰富的案例与参考。

本书不仅是一部关于高校教学信息化的理论著作，更是一本实践指南。书中通过全面而深入剖析，为高校管理者、教师及教育技术工作者提供了宝贵的参考与启示，有助于他们更好地理解教学信息化的本质，把握信息化发展的脉搏，从而在实际工作中做出更加科学、有效的决策。在此，衷心感谢所有参与本书编写、审阅及提供支持的专家学者与同仁，是你们的辛勤付出与无私奉献，让这本书得以顺利面世。期待本书能够成为推动高校教学信息化进程的一块基石，为构建更加开放、包容、高效的教育体系贡献力量。

目 录

第一章 高校教学信息化概述

第一节 高校教学信息化及支撑环境

一、高校教学信息化的认知

在高校教育信息化体系中,教学信息化占据着核心地位,它不仅是衡量高等教育机构整体教学质量、综合能力及教育素质的关键指标,而且是推动教育现代化进程的重要驱动力,这一领域的研究与实践,旨在通过信息技术的深度融入,重塑高等教育的面貌,提升教育的效能与广度。高校教学信息化,即以信息技术为手段,实现教学资源的数字化、教学平台的网络化、教学管理的信息化,从而创新教学模式、优化教学效果、扩大教育范围,最终实现教育信息化。①

(一)高校教学信息化的核心要素

第一,教学资源的数字化。教学资源的数字化涉及将教材、课件、视频教程等教学内容转化为数字格式,便于在线访问与共享。通过建设大规模的开放在线课程(MOOCs)、专业教学资源库等形式,可以极大地丰富学习资源,满足不同学习需求,促进知识的广泛传播与深度应用。

第二,教学平台的网络化。构建功能完善的在线教学平台,是实现教学信息化的关键一环,这些平台不仅支持实时直播授课、在线讨论、作业提交

---

①黄鸣.高校教学信息化支撑环境及其优化策略研究[D].武汉:华中师范大学,2017:9.

与批改等基本功能，还能利用大数据分析学生的学习行为，为教师提供个性化的教学建议，为学生提供定制化的学习路径。此外，移动学习平台的开发，使得学习不再受地点限制，进一步拓宽了教育的边界。

第三，教学管理的信息化。借助信息技术优化教学管理流程，包括学籍管理、课程安排、考试组织、教学质量评估等，可以显著提升管理效率与准确性。通过智能化管理系统，教育管理者能够实时掌握教学动态，快速响应教学需求变化，为决策提供数据支持，同时减轻教师与管理人员的行政负担，让他们有更多精力专注于教学与科研。

（二）高校教学信息化的战略意义

高校教学信息化的加速推进，对于促进高等教育的健康可持续发展具有深远影响。首先，教学信息化打破了传统教育的时空限制，使得优质教育资源得以跨越地域界限，实现广泛共享，有助于缩小教育差距，促进社会公平。其次，教学信息化促进了教学方法与模式的创新，如翻转课堂、项目式学习等新型教学模式的兴起，增强了学生的学习主动性与创新能力，提升了教学效果。最后，通过数据分析与智能决策支持，教学信息化有助于教育质量的精准监控与持续改进，为高等教育质量的全面提升提供了有力保障。

二、高校教学信息化支撑环境

（一）高校教学信息化支撑的硬件环境

1. 校园网建设

校园网作为构建于高校内部的信息基础设施，承担着为全校师生提供信息交流、资源共享及教学管理服务的重任，是推进高校教学信息化进程不可或缺的物理载体与技术基石。校园网不仅深刻变革了传统的教学模式、方法及手段，更在潜移默化中促进了教育观念的革新与教学思想的演进，成为连接教育现代化与信息技术深度融合的关键纽带。

(1)校园网对学生学习环境的重塑

在校园网的支持下,学生的学习环境发生了根本性变化。网络化的学习资源、平台与信息,为学生搭建了一个开放、高效且交互性强的信息化学习空间,这一空间打破了时间与空间的限制,使得学习行为不再受物理环境的束缚。学生可随时随地通过校园网访问各类学习资源,根据个人需求与兴趣,自主构建知识体系,实现个性化学习。在此过程中,学生不仅锻炼了信息收集、甄别与分析的能力,更在无形中提升了信息素养,为终身学习奠定了坚实基础。

(2)校园网对教师教学活动的优化

校园网同样为教师的教学活动带来了前所未有的便利。教师可以充分利用校园网上的优质教学资源,结合学生实际需求与个性特征,设计出更具针对性与实效性的教学内容,从而优化教学效果,提升教学质量。此外,校园网还成为教师与学生之间沟通的桥梁,教师可以通过网络平台实时了解学生的学习动态,及时给予反馈与指导,成为学生意义建构过程中的帮助者与促进者。同时,校园网也为教师提供了自我提升的平台,教师可以通过网络学习新知识、新技能,不断提高自身的专业素养与教学能力。

(3)校园网对高校教学管理的革新

校园网在高校教学管理中的应用,极大地提升了管理效率与服务质量。基于网络的成绩管理、学籍管理、图书管理等系统,使得教学管理工作更加便捷、高效。这些系统不仅减轻了管理人员的工作负担,还提高了数据处理的准确性与及时性,为教学决策提供了有力的数据支持。

(4)校园网对全球教育合作的促进

校园网的建设,不仅强化了高校内部的信息化水平,更拉近了全球各高校之间的距离。通过校园网,高校可以与其他国家和地区的教育机构进行跨区域的资源共享与合作,实现知识与技术的无障碍交流。这一变化不仅扩大了教育规模,降低了教育成本,还促进了全球教育资源的优化配置,为高等教育的国际化发展提供了有力支撑。

2.信息化教学环境

信息化教学设备作为高校教学信息化实践的物质基石，其种类与数量的丰富程度，在一定程度上反映出高校硬件设施的建设水平与能力，这类设备涵盖计算机、电子白板、录像机等，它们共同构成了支撑信息化教学活动的物质基础。只有当高校配备了完善的信息化教学设备，教师方能依托这些工具，高效地开展教学活动，提升教学效果。

在具体的教学实践中，信息化教学设备并非孤立存在，而是需要通过科学合理的组合使用，方能最大化其效能，这种组合应用，不仅催生了信息化教学环境，即多媒体教室、微格教室、虚拟实验室等新型教学场所，还形成了一个更为广泛的概念——信息化教学环境群落，这一群落泛指所有与高校教学活动密切相关的信息化场所，它们共同构成了高校信息化教学的生态系统。

信息化教学环境为教师提供了便捷、高效的授课条件，使得教学质量与教学过程得以优化。在多媒体教室中，教师可以通过电子白板展示教学内容，利用计算机进行实时互动，极大地丰富了教学手段，提升了学生的学习兴趣与参与度。微格教室则为教师提供了小范围、高强度的教学训练环境，有助于教师提升教学技能与课堂管理能力。而虚拟实验室则打破了物理空间的限制，使学生能够在虚拟环境中进行实验操作，增强了学习的实践性与互动性。

对于学生而言，信息化教学环境同样具有重要意义。它不仅为学生打造了一个良好的信息化学习环境，还通过提供丰富的学习资源与便捷的交互方式，激发了学生的学习兴趣与探索精神，有助于培养学生的自主学习能力与创新能力。

(二)高校教学信息化支撑的软件环境

1.数字化教学资源

数字化教学资源是指经过数字化处理，能够用于教学活动的信息资源。

这些资源可以是文本、图片、音频、视频等多媒体形式，广泛应用于课堂教学、课后辅导、在线学习等环节。数字化教学资源的核心特征在于其信息的高度结构化与可再利用性，具有便于存储、传输与修改的优势。因此，这些资源的应用在很大程度上促进了教育的个性化与多样化。

对于教师而言，这些资源提高了教学效率与质量。通过使用多媒体课件，教师可以将抽象的理论知识生动形象地呈现，提升课堂的互动性与吸引力。例如，教师可以通过动画演示、图表数据等方式，增强课堂内容的视觉冲击力和易懂性，从而激发学生的学习兴趣。此外，数字化教学资源还能够优化教学内容的组织结构，使得教学内容更具逻辑性和系统性，从而提高学生的理解力与记忆力。

对于学生而言，数字化资源不仅在课堂上发挥作用，更在课外学习中提供了丰富的支持。数字化资源的开放性与多样性，使得学生能够自主选择学习材料，按照自己的进度进行学习，进而培养其自主学习能力和探索精神。与此同时，数字化资源常常通过互动设计和反馈机制促进学生的参与感，从而增强学生的学习情境和主观能动性。举例来说，学生可以通过在线模拟、虚拟实验等方式，获得比传统教学方法更为直观和深刻的学习体验。此外，数字化教学资源还具有较强的信息素养教育功能，帮助学生提升其在数字化时代的学习能力与信息技术应用能力。

2.网络教学平台

网络教学平台是一种综合性的教育技术工具，支持教师和学生在网络环境下进行教学活动。它包括教学支持、课程开发、资源管理和教务管理等功能，旨在为教学过程提供全面的支持。随着教育信息化的深入发展，网络教学平台在高校教育中扮演着越来越重要的角色，成为实现线上与线下教学融合的关键工具。

对于教师而言，网络教学平台提供了丰富的教学支持工具，如在线备课、课件制作、在线组卷、教学评估等。教师可以利用平台轻松管理教学内容，进行资源共享与协作，随时调整教学计划与内容，提高教学的灵活性与适应性。例如，教师可以通过平台发布在线学习资料和测试，及时了解学生的学习进度，并根据反馈做出相应的教学调整。同时，平台还支持教师开展教学评估与分析，帮助教师更好地把握教学质量和效果。

对于学生而言，网络教学平台是一个便捷的自主学习和互动学习的空间。学生可以通过平台进行在线学习、答疑、作业提交、测评等活动，制定个性化的学习计划，达到因材施教的效果。例如，学生可以利用平台提供的课后资源进行自我学习，完成习题和测验，并根据测评结果了解自己的学习成绩与不足。此外，平台提供的在线答疑和师生互动功能，有助于学生随时解决学习过程中遇到的难题，提高学习效率。

目前，全球范围内已有多个成熟的网络教学平台，国际上如Blackboard、Moodle等，国内则有北大在线、清华在线等。不同平台提供的功能和服务各具特色，但其核心目标都是通过信息化手段促进教学效率的提高和教育资源的共享。

3.教学管理系统

教学管理系统是面向教师、学生和管理者的教学管理与服务平台，旨在提升教学管理的效率和质量，该系统不仅支持教学信息的有效管理和流转，还能够优化教学资源配置，改善学校的管理和服务功能。

教学管理系统的主要功能主要体现在学籍管理、档案管理、教室管理等方面。对于管理者而言，系统可以实现学籍信息的自动化管理，方便查询和维护学生信息，提升了教学管理的智能化水平。对于教师而言，教学管理系统提供了发布教学计划、查看学生档案等功能，使教师能够更好地了解学生的学习情况并及时调整教学策略。对于学生而言，系统则提供了在线选课、查看课程安排、查询考试成绩等功能，极大地方便了学生的学习和管理。

教学管理系统的优势在于其能够有效地实现信息化、智能化、无纸化管理，不仅提高了管理效率，还减少了传统纸质管理方式带来的资源浪费。同时,教学管理系统通过优化管理流程,增强了师生之间的沟通和互动,为教育管理和教学活动提供了更加高效、便捷的操作环境。随着信息技术的不断进步,教学管理系统还在不断完善,逐步向更加智能化和数据化的方向发展,进一步提升了教学管理的现代化水平。

(三)高校教学信息化支撑的潜在环境

1.组织与机构

高校教学信息化的顺利开展有赖于完善的组织与机构作为基础支撑,这不仅是信息化战略规划与实施的重要前提,更是保障信息化建设稳步推进的核心要素。组织与机构的有效设置能够确保管理体制的规范化与科学性,从而形成教学信息化发展的内外部环境和协同机制。在管理体制建设方面,近年来学界逐渐关注高校首席信息官(CIO)体制,这一概念最早由外国学者提出,起源于美国政府的信息化管理实践,随后逐渐被推广至企业与高校等组织,成为信息化战略执行与资源协调的重要管理模式。

在中国,虽然CIO体制尚未在所有高校普及,但已有部分高校进行了积极探索与实践。例如,北京大学作为信息化建设的先行者,较早明确实施了CIO体制,并逐步形成了一套较为完善的组织结构和管理机制。具体而言,北京大学的信息化管理体系包括三个层次:顶层由信息化领导小组构成,主要负责信息化战略的总体规划与重大决策,确保信息化建设方向的科学性与前瞻性;咨询层设置信息化咨询委员会,发挥专家智囊作用,提供专业性的战略建议与技术指导;执行层则由信息化办公室具体负责规划的制定、落实与监督执行,确保信息化工作的有序推进。此外,为实现校内信息化资源的高效整合与共享,各院系CIO与信息化办公室需保持密切联系,协同更新信息与推进建设进度。此外,北京大学每年定期召开1—2次全校性信息化建设会议,围绕政策制定、制度优化与战略落地等关键议题进行深入研讨,进一步提升信息化治理水平。

2.政策与制度

高校教学信息化的顺利推进,离不开国家层面的宏观调控以及高校自身的积极响应。在国家层面,政策和制度的制定至关重要。国家应根据信息化发展需求,制定具有前瞻性和实效性的政策,并通过政策引导、资金支持及法律保障来推动教育信息化的整体进程。与此同时,政策的灵活性和适应性也十分关键,因为信息技术的快速发展要求政策具有一定的前瞻性,能够及时应对新兴技术和需求的变化。对于高校而言,必须在国家政策框架内,结合自身的具体情况和需求,制定切实可行的实施方案。具体来说,高校应根据教育信息化发展的需要,规划基础设施建设,确保信息化环境的硬件设施与网络资源稳定与高效。同时,高校还需着重于教学资源的共享机制建设,推动优质教育资源的数字化、开放化,并在此基础上进行资源共享与合作。此外,信息化的推行不仅限于技术设施的建设,更需要培养一支具备信息技术应用能力的教师队伍。为此,高校应通过制定相关政策,成立信息化建设领导团队,统筹规划基础设施建设、资源共享、教师培训等内容,确保教学信息化工作在规范的制度下稳步推进。

3.信息化培训

教师在高校信息化进程中的角色至关重要,其教育技术能力直接影响信息化教学的实施效果。为了有效推动信息化教学,提升学生的信息素养,高校应重点关注教师的信息技术培训工作。信息化培训不仅是提升教师个人教学能力的必要途径,更是实现教育技术普及和学生信息素养提升的关键环节。为此,高校应制定系统的信息技术培训政策,帮助教师不断提升其技术能力,确保教师能够熟练运用现代信息技术工具开展教学、科研等活动,这一过程不仅涉及基础的计算机操作技能培训,还包括如何有效整合信息技术与教学内容,如何利用教育技术进行互动式学习、在线教学和远程教育等。各国政府对此也给予了高度关注,许多国家为教师信息化培训提供了政策支持和资金保障。

4. 网络与信息安全

校园网在高校的教学、科研、管理、信息交流等方面扮演极为重要的角色，其信息安全状况将直接影响教学活动的开展以及高校教育信息化进程。基于网络的开放性，每个人都可使用计算机连入网络，在享用便利的同时，各种网络与信息安全问题也就随之产生了。影响高校网络与信息安全的问题除盗窃、雷电、火灾等环境因素之外，更多的是来自网络本身，它既包括网络自身的弱点，也涉及管理方法和人为因素，以及来自外部的攻击。因此，为了构建安全的高校网络与信息环境，就必须建立起行之有效的信息化安全保障体系。

第二节 高校教学中实施信息化的基础

一、有效利用搜索引擎获取资源

在推进高校教学信息化的过程中，信息资源的获取与利用是至关重要的一环。其中，搜索引擎作为信息检索的重要工具，其使用技巧和策略对于高效获取相关信息资源具有决定性作用。下面从搜索引擎的类型、使用方法以及搜索主题词的选用等方面，深入探讨高校教学实施信息化的信息资源获取与利用。

（一）搜索引擎的类型及原理

搜索引擎按其工作方式可分为三种：全文搜索引擎、目录索引类搜索引擎和元搜索引擎。

全文搜索引擎是通过从互联网上提取的各个网站的信息（以网页文字为主）而建立的数据库，检索与用户查询条件匹配的相关记录，然后按一定的排列顺序将结果返回给用户，它是最通用的搜索引擎，代表性产品有Google、百度等。

目录索引类搜索引擎则是以目录分类的形式呈现网站链接列表，用户可以通过浏览目录来查找所需信息。这类搜索引擎的代表产品有Yahoo、网易等，它们为用户提供了一个更为直观和便捷的查找方式。

元搜索引擎则是一种更为智能的搜索引擎，它在接受用户查询请求时，会同时在其他多个搜索引擎上进行搜索，并将结果整合后返回给用户。这类搜索引擎的代表产品有InfoSpace、觅搜等，它们通过整合多个搜索引擎的资源，为用户提供了更为全面和准确的搜索结果。

（二）搜索引擎的使用方法

搜索引擎的使用相对简单，用户只需在搜索框中键入搜索主题词，然后按下“Enter”键或单击“搜索”按钮，搜索引擎就会在网络上搜索与该主题词相关的内容，并以列表形式将搜索结果展示出来。然而，要想获得更为准确和有用的信息，用户还需要掌握一些搜索技巧。

（三）搜索主题词的选用策略

第一，保持简洁明了。在选用搜索主题词时，用户应尽量保持其简洁明了。例如，要查找某个特定的公司或产品，用户只需输入其名称或相关关键词即可。这样可以避免因为输入过多的无关信息而降低搜索结果的准确性。

第二，考虑网页文字表述方式。由于搜索引擎是根据指定的字词来搜索网络上匹配的网页的，因此用户在使用搜索引擎时，应使用最可能出现在要查找的网页上的字词。这要求用户具备一定的网络语言和网页结构知识，以便能够更准确地描述自己的查询需求。

第三，简明扼要地描述查询内容。用户在使用搜索引擎时，应尽量简明扼要地描述自己要查找的内容。例如，在查询天气信息时，用户可以使用“天气+城市名”的简洁方式来进行搜索。这样可以提高搜索效率，并减少无关信息的干扰。

第四，选择描述性的字词。为了提高搜索结果的准确性，用户应尽量选择描述性更强的字词来进行搜索。这些字词越独特、越具体,就越有可能获得相关的结果。

第五,多主题词搜索策略。当单个主题词无法确切表达用户的查询需求时,用户可以使用多主题词搜索策略。在进行多主题词搜索时,用户需要按主题词的重要程度进行排序,并在搜索框中依次输入这些主题词。各主题词之间用英文状态下的空格符分开。这样可以进一步提高搜索结果的准确性和相关性。

二、掌握信息化素材的处理技巧

(一)信息化图片素材亮度调整技巧

在高校信息化教学中,图片素材的亮度调整是一项至关重要的技能。在特定的拍摄环境下,如阴天或光线不足时,照片往往会出现曝光不足的问题,导致整体发暗,严重影响图片在教学中的展示效果。为了优化这些图片素材,使其更好地服务于教学活动,必须掌握一系列专业的图片亮度调整技巧。

(二)信息化图片素材色彩优化技巧

在高校信息化教学中,图片素材的色彩优化同样是一项重要的技能。在拍摄的图片中,往往会遇到图片偏色或暗淡的情况,这些问题会严重影响图片在教学中的展示效果。为了优化这些图片素材的色彩表现,必须掌握一系列专业的色彩优化技巧。

第三节 信息技术与高校课程的整合

一、信息技术与高校课程的整合原则

(一)遵循教育理论在整合中的指导性作用

在信息技术与高校课程整合的进程中,现代学习理论构成了不可或缺

的理论基石，这些理论，包括但不限于行为主义、认知主义和建构主义，各自从独特的视角揭示了教学与学习的本质，为实践提供了丰富的指导思路。然而，需要注意的是，每一种学习理论在教学实践中的应用均展现出其特定的适用性和局限性，并无一种理论能够全面覆盖所有教学场景，具备普遍适用的特性。

具体而言，行为主义学习理论在强调机械记忆、操练与训练方面显示出显著的优势，尤其适用于那些需要重复练习以巩固知识基础的学科内容。它通过设定明确的学习目标和反馈机制，促进了学生在特定技能上的熟练度提升。相比之下，认知主义学习理论则更加注重激发学生的内在学习动机，通过调控和维持学生的学习兴趣，增强他们主动探索知识的意愿和能力。这一理论强调认知过程的重要性，倡导通过情境创设、问题引导等方式，激发学生的好奇心和探索欲。

建构主义学习理论则进一步提出了以学生为中心的学习环境设计原则，强调学生在知识建构过程中的主体地位。它提倡为学生提供一个开放、互动的学习空间，鼓励学生通过自主探索和发现式学习，构建个人的知识体系和理解框架。建构主义理论指导下的信息技术与课程整合，不仅关注技术工具的使用，更重视技术如何促进学生深度学习、批判性思维和创新能力的发展。

在实际操作中，教师需根据具体的教学目标、学生特点和学习内容，灵活选择和融合不同的学习理论，避免陷入二元对立的思维陷阱。这意味着，整合策略应体现出高度的灵活性和适应性，既能够充分利用各理论的优点，又能有效规避其潜在的局限性。

(二)基于教学对象差异性的整合策略选择

在信息技术与高校课程整合的过程中，学生作为学习的主体，其个体差异不容忽视。人类的思维方式复杂多样，包括抽象与具体、有序与随机等多种类型，这些差异直接影响学生的学习偏好、信息处理方式和学习效果。因此，整合策略的制定必须充分考虑教学对象的差异性。

对于那些倾向于依赖外部指导、偏好人际交流的学生而言，信息技术与课程的整合应侧重于提供清晰的教学指导、丰富的互动资源和即时反馈机制。例如，通过在线讨论平台、协作学习工具和个性化学习路径设计，促进学生在交流与合作中深化理解。同时，对于这类学生，整合策略还应注重培养他们的自主学习能力和信息筛选能力，逐步引导他们向更加独立的学习模式过渡。

对于那些善于独立思考、偏好个人钻研的学生，信息技术与课程的整合则应更加注重提供开放的学习资源和自主探索的机会。例如，利用虚拟现实技术、在线模拟实验和数字化学习资源库，为学生创造一个沉浸式的学习环境，鼓励他们在实践中发现问题、解决问题，从而培养创新能力和批判性思维。此外，对于这类学生，整合策略还应关注个性化学习需求的满足，通过智能推荐系统和学习分析技术，为他们提供定制化的学习路径和资源支持。

（三）积极构建基于学科特性的整合模式

在高校教育体系中，各学科因其独特的知识结构和学科特性，对学生的能力培养提出了不同的要求。信息技术与高校课程的整合，需充分考量这些差异，构建与学科特性相契合的教学模式。

语言学作为培养学生语言运用能力的关键学科，其核心在于提升学生的语言表达与交流能力。信息技术在此类学科的整合中，应发挥模拟真实语境的重要作用，通过虚拟现实、在线交流平台等技术手段，为学生提供接近实际生活的语言练习环境。这种环境不仅有助于学生反复练习，提高语言流利度，还能增强其在不同场合下的语言适应能力。

数学作为逻辑经验学科的代表，其知识体系主要由概念、公式、定理、法则及应用问题构成。在信息技术与数学课程的整合中，教学的重点应聚焦于开发学生的认知潜能。通过信息技术，教师可以创设丰富的认知环境，引导学生经历从具体到抽象,再由抽象到具体的思维过程,从而实现对数学知识的有效建构。这种整合方式不仅有助于培养学生的逻辑思维能力,还能提升其问题解决能力。

物理和化学作为与人们生产、生活密切相关的学科,其教学注重培养学生的观察能力、解决问题能力和实验操作能力。在信息技术与这两门学科的整合中,既要利用信息技术的直观性和形象性,帮助学生理解和记忆需要观察的自然现象或事物变化过程,又要避免过度依赖计算机模拟实验,以免削弱学生的动手操作能力。因此,整合策略的选择应充分考虑学科特点,平衡信息技术使用与实验操作的关系。

(四)个别化学习和协作学习的和谐统一

在信息技术与高校课程整合的框架内,一个显著的特征在于其提供了一个高度开放且灵活的实践平台,这一平台不仅允许采用多样化的方法来实现同一教学目标,还强调了“具体问题具体分析”的原则,即在明确教学目标后,通过整合多种任务路径来实现既定目标,这一灵活性不仅体现在任务设计的多样性上,还体现在学生完成同一任务时可采用的方法和工具的选择上。

个别化教学策略在此框架下显得尤为重要,它强调根据学生的个体差异和学习需求,提供定制化的学习资源和路径,这种策略不仅有助于激发学生的学习主动性和积极性,还能促进他们根据自身的能力和兴趣进行有针对性的学习。通过信息技术的支持,个别化学习得以实现,学生能够按照自己的节奏和方式探索知识,从而更有效地掌握知识并发展个人能力。

然而,个别化学习并非孤立存在。在现代社会,协同工作的精神已成为不可或缺的一部分。在教育领域,尤其是在处理复杂问题、进行作品评价等高级认知活动中,多个学生的协作显得尤为重要。他们需要对同一问题发表不同观点,通过综合讨论和评价,共同完成任务。这种协作学习不仅有助于培养学生的批判性思维和团队协作能力,还能促进知识的深度理解和应用。互联网的出现为协作学习提供了前所未有的平台。通过在线协作工具、讨论论坛和共享资源,学生可以跨越时空限制,与全球范围内的同学进行交流和合作。这种基于网络的协作学习模式不仅丰富了学习体验,还拓宽了学生的视野和思维方式。

因此,在信息技术与高校课程整合的过程中,应追求个别化学习与协作学习的和谐统一。既要充分利用信息技术的优势,为学生提供个别化的学习资源和路径,又要通过组织协作学习活动,培养他们的团队精神和协同工作能力,这种整合模式不仅有助于提升学生的综合素质,还能为他们的未来发展奠定坚实的基础。

二、信息技术与高校课程的整合阶段

(一)封闭式的、以知识为中心的课程整合阶段

在高校课程整合的封闭式、知识中心化阶段,信息技术作为教学工具发挥着多元化的作用,其主要功能可归纳为演示工具、交流工具和个别辅导工具三个方面。在这一阶段,信息技术的应用主要服务于传统教学模式,辅助知识的传授与学生的学习,但在技术应用的深度与学生的参与度上,仍保持较为传统的教学结构。

第一,信息技术作为演示工具。信息技术作为演示工具,主要依靠计算机辅助教学软件或多媒体素材库,为教学活动提供视觉与听觉的支持。高校教师常通过创建教学课件或演示文稿,利用图表、动画、视频及实验模拟等方式,帮助学生形象化、具体化抽象的理论内容,促进对复杂知识的理解。在此过程中,信息技术起到了传递知识和信息的作用,然而学生的角色仍然是被动的,主要通过观看或聆听的方式吸收信息,并没有实际操作的机会。因此,信息技术在此层次的依赖相对较少,更多地作为辅助工具来支撑知识的传递。

第二,信息技术作为交流工具。信息技术作为交流工具,在这一阶段通

过因特网或局域网的基础设施，利用诸如BBS、聊天室等在线平台，促进师生之间的情感交流和学术互动。教师通过这些平台组织课后讨论或答疑，使学生有机会在课后继续探讨和反思课程内容，从而增强学习的参与感与互动性。尽管信息技术为学生提供了更多的交流机会，但整体教学方式依然以教师主导的讲授为主，信息技术更多是辅助沟通与讨论，学生仍然处于较为被动的学习状态。

第三，信息技术作为个别辅导工具。信息技术作为个别辅导工具，使用专门的操练练习软件和测验软件，旨在帮助学生巩固所学知识并进行个性化的辅导。这一层次的教学较为依赖信息技术，学生可以根据自己的学习进度，通过自主操作完成练习或测验，并根据反馈结果调整学习策略。在个别辅导的过程中，学生能够得到针对性的帮助，教学的个性化特征得到强化，评估方式通常以在线测验为主，以此来激发学生的学习兴趣和积极性。然而，尽管此阶段的信息技术应用增强了学生自主学习的空间，但整体教学依然以知识传授为核心，学生对知识的深度理解和自主探究的机会相对有限。

（二）开放式的、以资源为中心的课程整合阶段

在高校课程整合的开放式、以资源为中心的阶段，信息技术的作用显著转变，其不仅为教学提供丰富的支持，还促使教学模式和学习方式的深刻变革。在这一阶段，高校教学从传统的封闭式、个别化学习与讲授模式，逐渐转变为更加开放、灵活的资源中心教学模式。学生的角色发生根本转变，成为学习的主体，教师则从知识的传递者转变为学习的引导者，强调学生对多学科知识的整合和意义建构。教师更多地通过提供学习指导、引导学生开展自主探究与合作学习，提高学生批判性思维和创造性解决问题的能力。

第一，信息技术提供资源环境。通过提供丰富的网络资源，构建了一个开放、动态的学习环境。高校利用信息技术平台提供各种在线资源，如专业网站、数字图书馆、开放课程等，帮助学生获取、分析和整合信息。教师的角色更多转向资源提供者和信息导航者，为学生提供多样化的信息来源，支持

学生自主筛选和应用这些资源。此举不仅拓宽了学生的知识视野,还促使其提升信息检索、分析和判断能力。

第二,信息技术作为信息加工工具。信息技术作为信息加工工具,进一步推动了学生对信息的深度处理与内化。通过使用各种信息处理软件、数据分析工具及在线平台,学生能够更加有效地分析、整理和重构信息,从而提升其信息处理能力与思维表达能力。教师则在这一过程中提供必要的指导与帮助,解决学生在信息加工过程中遇到的难题。信息技术不仅支持学生对信息的加工整理,还促进了思维的外化和内化,提高了学生的认知能力。

第三,信息技术作为协作工具。在协作学习方面,信息技术为学生提供了多种协作工具和平台,提升了学生的高级认知能力和协作能力。通过网络支持的协作学习模式,学生能够参与到多样化的学习活动中,包括竞争、协同、伙伴与角色扮演等形式,提高其在小组中的合作意识与团队合作能力。信息技术为这些协作模式的实现提供了便捷的技术支持,学生不仅能够在虚拟环境中进行互动,还能在团队中共同解决问题,增强其集体思维与创新能力。

第四,信息技术作为研发工具。信息技术作为研发工具,为学生提供了探索、实验和解决复杂问题的机会。在虚拟现实等技术的支持下,学生能够在模拟或复杂的情境中进行决策和实验,提升其在实际问题中做出决策的能力。这种基于技术的学习模式不仅培养了学生的创造性思维,还促进了他们的实际问题解决能力,使其在面对复杂的现实情境时能够进行有效应对。

(三)全方位的课程整合阶段

1.教育内容改革

信息技术的引入给传统教育内容和教学结构带来了深刻的影响,迫使教育内容朝着更高效、更新的方向发展。在传统教育体系中,强调基础知识的传授和理论的阐释,而信息技术的引入则促使这些内容不再局限于单一的知识传授。

信息技术使得那些强调知识内在联系、基本理论以及与生产生活紧密相关的教学内容愈加重要。与之对比,传统上单纯依赖知识传授或基础技术培训的内容则显得过于冗余且不切实际。在此背景下,教育内容逐步向知识的深度理解和实际应用转型。教材的呈现形式也随之发生了显著变化。传统的以文字和线性结构为主的教材逐步向多媒体和超链接结构发展,借助信息技术手段,教材的表现形式变得更加立体与生动。如今,教材不仅仅包含文字和图形,还融入了声音、动画、视频和三维模拟等内容,这些多媒体元素为学生提供了更加丰富的感官体验。为了适应信息技术的发展,教材的内容深度和难度也相应增加。教材设计更注重基础理论的构建与学科知识内在联系的呈现,强调学生的认知能力与批判性思维的培养,而不仅仅是基础知识的学习。同时,教育内容的设计更加重视与社会生产实践的结合,培养学生解决实际问题的能力。课程内容不再局限于教室内的知识传授,而是更多地融入了现实生活中的应用场景,以确保学生能够应对日益复杂的社会需求和技术挑战。教材的多媒体化使得学习内容更加灵活,学生可以根据需求跳转至相关知识点,进行自主学习和深化理解,从而找到更加个性化的学习路径。

2.教学目标改革

教育内容的变革必然引发教学目标的深刻调整。在传统的教学体系中,教学目标通常以知识传授为中心,而信息技术的引入促使教学目标从单一的知识掌握转向更加注重能力的培养。新的教学目标体系更加注重学生能力的发展,尤其是信息处理能力、问题解决能力、批判性思维能力、学习能力以及与他人协作的能力。

具体而言,信息处理能力成为教学目标中的重要组成部分,学生需要掌握如何获取、组织、操作并评估信息。随着信息技术的普及,学生能够通过各种渠道获取信息并进行有效分析与应用,这种能力成为未来教育的核心要求。此外，问题解决能力也成为教学目标的重要内容，培养学生面对复杂问题时的应对策略与创新思维。批判性思维能力的培养同样是新时代教育目标的重要部分，学生不仅要掌握事实和知识，更要具备分析与质疑的能力，从而进行独立思考。

随着教育理论的不断深化，新的教学目标将更多地强调学生在实际情境中的参与，特别是参与真实性任务和项目的实施。这一目标的核心在于培养学生面对现实问题时的综合运用能力，并帮助学生产生具体的、具有实际意义的成果。例如，学生不仅仅是在课堂上学习理论知识，而是在解决实际问题的过程中，通过合作、探索、创新等方式，提升自我解决问题的能力。这种教学目标的改革，不仅仅是知识传授的延续，更是对学生综合能力的全面培养。

3.教学组织架构改革

随着教育内容与教学目标的改革，教学组织架构的变革也是不可避免的。新的教学目标要求以真实性问题为核心，教学活动也必须从传统的课时安排和课堂模式中脱离，向更加灵活、开放的形式转型。为了实现新的教学目标，教学组织架构需要重新设计与规划，学生的学习不再局限于单一的课堂教学，而是通过项目化、问题化的方式组织学习活动，这要求在课程安排和学习时间的设计上更加灵活，以适应学生自主学习与合作学习的需求。

此外，教学活动的组织形式也需要打破传统的能力同质分组模式，采取更加多样化的分组方式，实施异质分组。在异质分组的模式下，学生可以根据不同的能力、背景和兴趣进行合作，最大化地发挥每个学生的优势。这样的组织形式能够激发学生的创新思维与团队协作精神，同时也有助于学生在实践中锻炼和提高解决实际问题的能力。

第二章 高校教学管理信息化

第一节 高校教学管理信息化的具体认知

一、信息化在高校教学管理中的作用

(一)信息化有利于提升教学管理效率

随着教育现代化进程的加速,传统以教师为中心、依赖纸质教材的教学模式逐渐显现出效率低下的问题,难以满足当前社会对高质量教育的需求。信息化的融入为高校教学管理注入了新的活力。通过多媒体教学、电子文献资源等信息化手段,教学信息的传递效率得到显著提升,不仅极大地节省了手动操作所需时间,还有效增强了课堂的互动性与吸引力,从而大幅提高了教学效果与学习成效。信息化在教学管理中的应用,实质上是将计算机多媒体技术与网络信息技术深度融合于课堂教学之中,以此推动课堂教学模式的革新,使之更加契合信息化时代对教育发展的新期待。教学信息化的核心在于实现教学手段的现代化与教学方式的创新,旨在构建一种高效、灵活的教学环境。在这一环境下,高效课堂成为可能,它强调在有限的课堂时间内,通过教师的精心引导与全体学生的积极参与,使教学任务高效完成与学生能力全面发展。

(二)信息化有利于激发教师教学动力

教师作为高校教学管理活动的主体,其教学热情与动力直接关系到教学质量与效果。随着素质教育的深入实施,教师队伍建设日益成为教学管理的核心环节,对教师的综合素质提出了更高要求。信息化管理的引入,为

教师提供了持续学习与自我提升的强大动力,有助于推动教师队伍整体素质的跃升。信息技术在教学中的广泛应用,虽然为教学带来了诸多便利,但同时也暴露出一些问题,如部分教师信息技术应用能力不足、教学内容设计缺乏针对性等。这些问题促使教师不得不深入思考:如何有效利用现代信息技术,为学生创造更加生动、高效的学习环境;如何巧妙融合信息技术与课堂教学,精准把握教学重难点,提升教学效果。在这一背景下,信息化成了激发教师教学动力与创新精神的关键。很多高校已积极将信息技术融入课堂教学,通过系统的培训与实践,教师对信息技术的掌握日益熟练,并逐渐具备自主开发与设计教学课件的能力。这一转变不仅提升了教师的专业素养,更激发了他们的教学热情与创造力,促使教师在不断探索与实践中,成长为适应信息化时代需求的新型教育者。因此,信息化在高校教学管理中的应用,不仅是对教学方式的革新,更是对教师队伍建设的深度赋能,对于推动教育质量全面提升具有不可估量的作用。

(三)信息化有利于减轻教师的教学负担

教育信息化旨在通过科技手段助力教师解决教学资源获取、教学方法应用、作业批改等方面的挑战,进而提升工作效率,促进教师创新能力的发展,如微课资源的创作与课题研究的深入等。当前,众多在线教育产品的涌现,特别是线上智能阅卷功能的实现,为教师提供了极大的便利。通过手机拍照即可批量完成作业批改,不仅大幅提高了批改效率,还附带提供了班级学情分析、学生个体作业进度与测试情况的详细报告,为教师精准掌握学生学习状态、及时调整教学策略提供了有力支持。同时,这些平台还整合了丰富的教学资源,便于教师备课与课程设计,加强了学校与家长之间的沟通桥梁,使得教育信息的传递更加高效、透明。从更宏观的层面来看,信息技术在教育领域的广泛应用已成为全球趋势,我国正积极探索利用互联网、大数据、人工智能及虚拟现实等前沿技术,构建未来教育的新模式。信息化教育的全面覆盖,从教学、学习、考试、评价到管理,实现了教育全流程的数字化与智能化,它不仅解决了数据采集与处理的难题,推动了教育从数字化向数据化的深层次转变,更重要的是,它真正意义上为教师减轻了负担,减少了重复性劳动,让教师有更多时间与精力投入教学创新与学生个性化辅导中,从而提升了教育的整体质量与效率。

(四)信息化有利于实现教学全过程管理

高校教学管理并非仅限于课堂知识的传授,它涵盖了课后作业布置、测试评估、教学质量跟踪等多个环节,构成了一个完整的教育活动链条。传统管理手段在面对这些复杂任务时,往往耗费教师大量精力与时间,而信息化教学管理的引入,则有效弥补了这一不足,使得教学全过程的监测与分析变得高效且精准,为教学活动的顺利进行提供了坚实保障。信息化教学管理的核心价值在于其能够依托大数据与智能技术,实现对学生学习行为的个性化分析,进而指导教学实践,达到以学定教、提升学习效率与质量的目的。通过大数据技术,系统能够全面收集并分析学生在日常学习及作业完成过程中产生的海量数据,精确揭示每位学生的知识掌握情况,为教师提供精准的学情反馈。因此,教师能够针对学生的个体差异,制定个性化的教学计划与作业安排,真正实现因材施教的教育理念。此外,信息化教学管理还为教学决策提供了强有力的数据支持。通过智能分析,系统能够生成大数据辅助的决策建议,为教学管理者提供科学依据,助力科学治理。以排课为例,在传统模式下,教师需要耗费数周时间进行手工排课,且难以确保结果的最优化与学生满意度。而今,借助人工智能算法,排课系统能够综合考虑课程安排、教室资源、师资力量等多重因素,实现快速、高效的排课,极大提升了排课效率与学生满意度,充分彰显了信息化在教学管理与教学实践中的重要作用。

(五)信息化有利于实现教学管理决策科学化

随着教育信息化的深入发展,高校得以借助先进的信息技术手段,对师资队伍构建、教材资源配置、招生计划制定等关键教学管理环节进行高效且精准的管理。这一过程的实现，依赖于信息化技术所生成的多套教学管理方案，通过综合分析这些方案，高校能够优化资源配置，确保各项教学管理活动效能的最大化发挥。在教育信息化的支撑下，高校教学管理决策获得了前所未有的信息基础与数据支撑。相较于传统管理模式中信息传递的滞后性、不准确性和不完整性，教育信息化确保了信息的实时性、准确性和全面性，为高校管理层提供了清晰、直观的决策依据。这种基于数据的决策方式，不仅提高了决策的科学性与合理性，还有效避免了因信息偏差而导致的决策失误，从而推动了高校教学资源的合理开发与高效利用。进一步而言，教育信息化所构建的数据驱动决策体系，为高校教学管理带来了前所未有的变革。它使得教学管理决策不再仅仅依赖于经验判断或主观臆断，而是建立在坚实的数据基础之上，通过数据分析与挖掘，揭示教育现象背后的规律与趋势，为高校管理层提供前瞻性的决策建议。这种科学化的决策模式，不仅提升了教学管理的效率与质量，还促进了高校教育教学的持续创新与优化，为培养符合社会需求的高素质人才奠定了坚实基础。

（六）信息化有利于提升教学管理创新力

在教育信息化的背景下，高校能够依托信息化教学管理系统，为教学管理创新搭建起广阔舞台，这一系统不仅增强了高校管理层的信息获取能力，使他们能够及时捕捉到教育领域的最新动态与前沿理念，还为教学管理的创新实践提供了技术支持与平台支撑。通过系统的数据分析与智能推荐，管理层能够更精准地识别教学管理中的痛点与盲点，从而有针对性地提出创新策略，推动教学管理的持续优化与升级。信息教学管理系统还促进了不同高校之间的沟通交流，在这一平台上，各高校能够共享教学管理经验、交流创新成果，形成良性互动与共同进步的良好氛围。这种校际的合作与交流，不仅拓宽了教学管理的视野与思路，还激发了创新灵感，为高校教学管理的创新发展注入了新的活力。

二、高校教学管理信息化的主要特点

高校教学管理信息化作为当代教育改革的重要驱动力，其主要特点在数字化、多媒体化及网络化三个方面得到了鲜明体现，这些特点不仅深刻改变了教学管理的面貌，还为促进教育质量的全面提升与教学效率的显著提高奠定了坚实基础。

第一，数字化特点。在信息技术的有力支撑下，传统复杂且烦琐的教学管理信息被转化为数字形式，这一转变极大地简化了教育信息技术系统的应用设备，同时确保了系统性能的可靠与稳定。数字化管理不仅便于教师进行高效的教学管理活动，还通过精准的数据分析与处理，为教学质量与效率的提升提供了有力保障。更为重要的是，数字化的教学方式与管理手段能够激发学生的思维活力，培养其逻辑思维能力与问题解决能力，从而为教师的教学管理提供了科学依据，推动了教学过程的科学化与精细化。

第二，多媒化特点。在信息爆炸的时代背景下，信息的有效传播与应用成为推动社会快速发展的关键。教学管理信息化通过高度集中信息资源，实现了信息媒体设备的一体化与信息表征的多元化，充分展现了知识化的教学管理特色。具体而言，教学内容借助多媒体技术得以动态化、形象化地呈现，教学课件中融入了动画、图像、文字等多种元素，构建了一个三维立体的知识空间，极大地丰富了教学内容，提升了学生的学习兴趣与参与度。同时，多媒体技术还能够根据学生的个体差异与学习需求，进行个性化的教学设计，为学生提供定制化的学习支持，促进了学生的全面发展与个性成长。

第三，网络化特点。网络化特点作为高校教学管理信息化的显著特征，通过整合计算机资源，实现了信息资源的共享与交互。网络平台将教学过程中的各个环节紧密连接，构建了一个互动性强、控制灵活的教学管理信息系统。这一系统不仅实现了教学资源的优化配置与高效利用，还促进了教师与学生、学生与学生之间的即时沟通与协作，使得教学过程更加人性化、通信更加自然化。网络化特点还赋予了教学管理信息化以开放性与包容性，使得高校能够及时吸收外部优质教育资源，与国际先进教学理念接轨，不断推动教学管理创新与实践探索。

三、高校教学管理信息化的发展趋势

（一）教学管理信息化的数字化发展趋势

在传统的教学管理实践中，如课程学时数、教学工作量以及学生成绩等数字数据，由于其本身的量化特性，分析与管理工作相对较为直接且高效。然而，教学管理中同样存在着大量非数字化的数据，如上级的政策指令、长远的教学规划、教学效果的评估报告、教师的专业水平以及教学质量的多维度评价等，这些数据以文本、图像、声音等物理形式存在，处理起来相对复杂且效率低下。随着现代信息技术，特别是数字技术的飞速发展，高校教学管理迎来了数字化转型的契机。这一转型的核心在于，将那些原本难以量化的非数字化数据，通过先进的技术手段转换为数字格式，进而实现信息的录入、处理与传播。现代信息系统的广泛应用，使得教学管理的各项具体事务都能以数字化信息的形态呈现，极大地提升了管理效率与准确性。曾经需要教务管理人员奔波于各教学部门之间，人工收集的数据与报表，如今已被校园网内流畅的信息流动所取代。原本分散存储于文件柜、卡片箱、笔记本中的教学管理文字信息，在数字化转型后，得以统一归类、轻松复制与长期保存。

教学管理数据的数字化，不仅显著降低了信息的制作成本与存储费用，更在于它将所有信息以数字形式整合，打破了信息传播的时空限制。校园网络上的用户，无论身处何地、何时，都能便捷地传递文件、下达指令，极大地提高了信息的流通速度与共享程度。各职能部门也无需再依赖烦琐的手工查询，而是可以直接从中央数据库中提取所需数据，这不仅加快了决策过程，还提升了信息的利用效率与价值。更为重要的是，教学管理信息化的数字化发展趋势，为教学管理的创新与实践提供了广阔舞台。数字化技术使得教学管理活动更加透明、公正,为教学质量的持续改进与教学效果的客观评价提供了可能。同时,数字化管理还促进了教育资源的优化配置与高效利用,为构建智慧校园、实现教育现代化奠定了坚实基础。因此,持续深化高校教学管理信息化的数字化建设,不仅是提升教学管理效率与质量的必由之路,更是推动高等教育事业全面、协调、可持续发展的关键所在。

(二)教学管理信息化的网络化发展趋势

随着现代信息系统的广泛应用,高校教学管理信息传递手段的现代化问题得到了有效解决,教学管理部门得以借助计算机网络的强大功能,顺利实现信息交流与知识共享的目标。这一网络化进程,不仅深刻改变了教学管理的传统模式,更为教育管理的现代化转型注入了新的活力。首先,网络化发展趋势体现在基于C/S(客户端/服务器)模式的教学管理平台构建上。通过校园网这一纽带,学校各教学单位、教研室、教务处及相关职能部门的管理计算机得以紧密相连,形成了高效的信息传输网络。用户只需通过客户端应用程序,便能轻松实现文件传输、资源共享和信息查询,极大地提升了教学管理的便捷性与效率。其次,校园网的建设是网络化发展趋势的又一重要体现。作为校园范围内连接各院系、各职能部门的计算机网络,校园网将教师管理、学生管理、教学计划管理、考试管理、课程管理和招生管理等教学管理子系统有机整合,构建了一个统一、高效的教学管理信息系统。这一系统不仅实现了各子系统之间的数据交换与流通,还促进了教学资源的优化配置与共享,为教学管理的科学化、精细化提供了有力支撑。最后,网络化发展趋势还涵盖了局域网、校园网与整个互联网的深度互联。在这一互联互通的网络环境中,教学管理者能够与社会大众进行直接、高效的沟通,及时了解社会的人才需求动态,为高校毕业生提供精准的就业指导服务。同时,借助内部网、校园网和因特网的广泛连接,高校的教学管理信息与社会信息资源实现了高度整合与共享,使得高校教学管理成为一个既对内相互联系、环环相扣,又对外完全开放、超越时空限制的网络平台。

(三)教学管理信息化的智能化发展趋势

随着多媒体、人工智能以及数据库等前沿技术的不断融入,教学管理信息系统得以借助计算机网络的广阔平台,构建出一个高效、智能的教学管理生态环境。这一智能化趋势,在信息系统的结构设计上体现得尤为明显。在结构设计的精妙构思中,信息系统巧妙地借鉴了人工智能技术的搜索推理机制,这一机制能够模拟人类的思维逻辑,对复杂信息进行高效的分析与处理。同时,结合数据库理论与方法的深厚底蕴,信息系统采用了模块化结构设计,这一设计方式不仅使得各教学管理环节的信息能够得到实时的、综合的处理,还确保了各业务模块既自成体系,又能够无缝对接,为子系统之间的信息转换与共享提供了便捷的接口。

(四)教学管理信息化的扁平化发展趋势

在传统的教学管理模式中,科层制以其严格的层级划分、权力与资源的垂直分布为显著特征,构建了韦伯意义上的经典组织形态。然而,随着各类教学管理信息系统、校园网及互联网的广泛应用,教学管理信息的传递方式发生了根本性转变,从原先的纵向垂直模式转向了更为灵活、高效的网络互联模式。这一转变的直接结果是大量中间管理层次的被取消,教学管理组织架构逐渐呈现出扁平化的崭新面貌。科层制教学管理组织,尽管在历史上曾发挥过重要作用,但其固有的弊端也日益凸显。分工过细、层次繁多,不仅导致了官僚主义的滋生与“官本位”思想的泛滥,还使得学术权力被行政手段过度干预,严重影响了教学管理的效率与效果。此外,层次过多的组织结构往往惰性较大,信息传递过程中易产生失真,不利于组织学习与创新能力的培养,也难以将具有创新能力的人才配置到最适合的岗位上。在此背景下,采用扁平式的教学管理组织结构成了一种必然趋势。扁平化结构通过减少管理层级、拓宽管理幅度,能够显著提升管理效率与响应速度,同时赋予基层教学管理人员更大的自主权与创造空间。而信息技术的发展,特别是教学管理信息系统(TMIS)与自动化设备的广泛应用,为这一变革提供了强有力的技术支持。

(五)教学管理信息化的合作化发展趋势

在传统的教学管理组织中,"分工出效率"规律曾长期占据主导地位,各教学管理职能科室与人员依据专门职能进行细分,形成了"一个萝卜一个坑"的严格分工格局。然而随着教学管理结构由垂直分化向扁平化的网络互连结构转变,这一传统的分工模式已难以适应新的管理要求。在扁平化、网络化的教学管理结构中,教学管理人员不再局限于单一的职能领域,而是需要具备多方面的专业知识与技能,以应对日益复杂多变的教学管理任务。这种转变,实际上是将原先教学管理结构的复杂性内化为教学管理人员个体知识、技能结构的复杂性,并由广泛分布于校园教学各部门、各院系的TMIS提供强有力的技术支持。TMIS的引入,不仅为教学管理人员提供了便捷的信息处理工具,更促进了他们之间的交叉分工与合作。通过TMIS的集成平台,各项教学管理工作得以在同一平台上高效协同进行。无论是日常的教学计划制定、课程安排,还是复杂的考试管理、学籍管理,分管各项工作的教学管理人员都能够实现实时的信息共享与协调合作。这一变化,有效解决了过去因教学管理人员忙于其他事务或不在办公地点而导致工作无法及时推进的问题,极大地提升了教学管理的效率与响应速度。

(六)教学管理信息化的虚拟化发展趋势

高校教学管理信息化的虚拟化发展趋势,是教育信息技术飞速发展与现代教育管理理念深刻变革的必然产物,它标志着教学管理活动正逐步突破传统物理空间的限制,迈向一个更加灵活、高效、数字化的全新阶段。在这一趋势下,许多原本需要由教学管理部门及管理人员亲手完成的常规性工作,如今已能够借助先进的计算机体系与TMIS终端得以高效、精准的完成。这一转变,不仅使得教学管理部门与管理人员在某种程度上"虚拟化"

为信息系统网络与计算机体系中的一个有机单元，更赋予了他们在校园内外任何地点、任何时间进行管理决策与工作的能力，极大地拓宽了教学管理的边界与可能性。

第二节 高校教学管理信息化的建设理论

一、高校教学管理信息化的建设原则

高校教学管理信息化建设是一项复杂的系统工程，它涉及计算机技术、网络技术、管理技术等。[①]高校教学管理信息化建设的过程虽可能伴随短暂的适应性挑战，但无疑为提升教育质量与管理效能开辟了广阔空间。

第一，“一把手”的建设原则。所谓的“一把手”原则，即领导重视并亲自参与，这是信息化建设成功的重要保证。领导层的战略视野、决策力以及资源调配能力，对于确立信息化建设方向、协调跨部门合作、克服实施障碍具有不可替代的作用，是确保项目顺利推进与持续优化的坚实后盾。

第二，先进性与适用性并重的系统建设原则。遵循先进性与适用性并重的系统建设原则，既能确保信息化平台紧跟技术发展趋势，又能紧密贴合学校实际运营需求的基石。在规划与设计阶段，高校需全面考量学校的办学规模、教学资源、师生比例等具体情况，避免盲目追求技术尖端而导致的资源浪费或功能冗余，力求在技术的先进性与应用的实用性之间找到最佳平衡点，构建既高效又经济的信息化管理体系。

第三，教学管理“规范化”的原则。教学管理的规范化是信息化实施的前提与基础，这一原则要求在教学管理流程、数据标准、信息编码等方面建立统一规范，确保信息的准确性、一致性和可追溯性，为计算机系统的有效运行提供坚实的数据支撑。通过标准化管理，不仅能够减少人为错误，提升工作效率，更为后续的数据分析、决策支持奠定坚实基础。

---

①许铁颖.新时期高校教学管理创新[M].哈尔滨：哈尔滨工程大学出版社，2023.

第四,实现流程优化、资源合理配置的原则。信息化建设的根本目的,在于破解教学管理瓶颈,提升管理效能。系统设计与实施应精准对焦教学管理中的痛点与难点,如课程安排冲突、成绩管理烦琐、教学资源分配不均等问题,通过信息化手段实现流程优化、资源合理配置,从而显著提升教学管理的响应速度与执行效率,为教学质量与学生学习体验的双重提升创造条件。

第五,对教学管理信息系统充分利用的原则。教学管理信息化系统本身具备高度的易用性与稳定性,更需通过培训、激励等机制,促进教职工对系统的深度接纳与熟练应用,确保信息系统成为日常管理工作的得力助手,而非仅仅是技术展示品。

第六,建立严格管理制度与培育良好人员素质的原则。严格的管理制度与高素质的人员队伍是教学管理信息化建设不可或缺的软环境支撑。一方面,建立健全信息化管理制度,明确责任分工、操作流程、安全规范等,为信息化实践提供制度保障;另一方面,加强人员培训,提升教职工的信息素养与技术应用能力,同时鼓励创新思维,培养既懂教育又精技术的复合型人才,为信息化建设的持续深化与创新发展注入不竭动力。

二、高校教学管理信息化的建设内容

(一)高校教学管理信息化的硬件建设

高校教学管理信息化的硬件建设核心在于构建一个全面覆盖、高效运行、安全可靠的校园网络环境。高校需要构建完善的校园网络,从而实现教学管理信息共享、分散操作、集中化管理模式。[①]这一建设并非简单地堆砌设备,而是基于对教育需求的深刻理解与未来发展趋势的前瞻预测,进行科学合理的规划与部署。具体而言,它涵盖了以下核心层面:一是校园网络架

①步瑞晨.教学管理信息化模式研究[J].求学,2020(43).

构的优化与统一。面对多校区并存的现状，首要任务是通过高精度的网络规划，实现校区间无缝连接的统一校园网。这不仅要求铺设高速光纤、架设高性能交换机以构建稳固的校园骨干网，还需对每一栋建筑进行精细化综合布线，确保网络信号能够无死角覆盖至每一个教学、科研与管理空间，为信息的流畅传输奠定坚实的物理基础。二是数据中心的建设与强化。数据中心作为信息的“心脏”，其性能直接关系到整个教学管理系统的运行效率与数据安全。因此，需精心选购高性能服务器与大容量存储设备，构建具备高可用性与可扩展性的数据中心架构。同时，采用先进的虚拟化技术与云计算服务，实现资源的灵活配置与高效利用，为教学管理信息系统提供强大的数据处理与存储支撑。三是终端设备与办公环境的智能化升级。随着信息技术的飞速发展，电脑等办公设备已成为教师与学生的日常教学工具。因此，选型配置适宜的终端设备，并结合智能办公系统的部署，不仅能够提升工作效率，还能促进教学方式的创新与多样化。此外，对于机房等关键区域，还需特别关注供电系统的稳定性、环境的适宜性以及设备的安全防护措施，确保所有硬件设施能够在安全、稳定的环境中持续高效运行。

（二）高校教学管理信息化的软件建设

高校教学管理信息化的软件建设与硬件环境相辅相成，高校不仅要重视硬件基础的夯实，更要注重软件系统的设计与开发，实现技术与教育理念的完美融合。教学管理信息系统的设计与开发，是软件建设的重中之重，它直接关乎教学管理的效率与质量，该系统应紧密围绕学分制教学管理的核心需求，全面覆盖学生管理、师资管理、教学计划制定、智能课程安排、考试管理、选课服务、成绩处理、实践教学管理、教学质量评估以及毕业生管理等关键环节。每一模块均需经过细致的需求分析与功能设计，确保既能满足当前教学管理的实际需求，又具备一定的前瞻性与可扩展性，以适应未来教育改革的步伐。值得注意的是，不同高校因办学特色、教学资源及管理模式的差异，可能对系统功能有着特定的增减需求，这就要求在系统设计之初便充分考虑个性化定制的可能性，确保系统的灵活性与适应性。

三、高校教学管理信息化的建设步骤

高校教学管理信息化体系的建设，从宏观视角审视，涵盖了信息技术基础设施的搭建与软件应用系统的开发两大层面；从微观层面解析，则聚焦于计算机辅助教学管理信息系统的规划、部署、优化及持续维护。此进程不仅要求完善的硬件网络环境作为支撑，更核心的是要高效推进教学管理信息系统的全面建设。在众多系统开发方法论中，结构化系统开发策略因其融合了自顶向下的逻辑解构、工程化管理的严谨性以及生命周期理念的持续性考量，而被认为是当前较为成熟且应用广泛的开发模式。因此在教学管理信息化建设的过程中也宜采用这种方法。结构化系统开发策略的实施，通常遵循一个由五个紧密相连、循序渐进的阶段构成的生命周期框架，每一阶段均承载着特定的任务与目标，共同构筑起教学管理信息系统的完整开发流程。

第一，系统规划阶段。系统规划作为信息化构建的起始点，其核心任务在于响应教学管理现代化的需求，通过初步调研明确现存问题，勾勒出系统建设的长远愿景与总体架构。此阶段需细致规划系统分阶段实施的时间表，并通过严谨的可行性分析，评估项目在技术、经济、操作层面的可行性，最终形成一份详尽的可行性研究报告，为后续开发奠定坚实的理论与实证基础。

第二，系统分析阶段。继规划之后，系统分析阶段聚焦于对现有教学管理流程的细致考察与系统化梳理。该阶段以规划阶段设定的目标为指引，通过深度调查管理业务流程、数据流向，构建系统的逻辑模型。此过程的关键产出为“系统分析报告”，它不仅是对系统需求的全面阐述，也是后续设计与实施阶段的直接依据，确保了系统开发工作的精准对接与高效推进。

第三，系统设计阶段。基于系统分析阶段确立的逻辑框架，系统设计阶段着手将抽象逻辑转化为具体的物理实现方案。这包括系统的总体结构设计,以及更为细致的代码体系规划、数据库架构设计、用户交互界面的输入输出设计、模块划分与功能定义等。该阶段的成果——“系统设计说明书”,是系统开发过程中的一份关键文档,它详细描绘了系统的构建蓝图,为后续的编程实现提供了明确的指导。

第四,系统实施阶段。系统实施阶段是将设计蓝图转化为实际运行系统的关键步骤。这一阶段涵盖了程序的编写与调试、相关人员的技能培训、数据的迁移与准备,以及系统的逐步切换与试运行。通过这一系列操作,不仅完成了管理信息系统的物理构建,还形成了包括程序说明、用户手册在内的一系列技术文档,为系统的正式启用提供了全面的支持与保障。

第五,系统运行与维护阶段。系统运行与维护阶段是系统生命周期中持续时间最长,也最为动态的一个环节。在此阶段,系统正式投入使用,需进行日常的运维管理、性能监控、故障排查与修复,以及根据用户反馈进行的系统优化与调整。随着时间的推移,当系统面临运行环境的根本性变化或无法满足新的管理需求时,便需考虑对系统进行局部改良或全面重构,甚至启动新一轮的系统开发周期。这一阶段的持续评估与适时调整,是确保教学管理信息系统长期有效运行、适应教育变革需求的关键所在。

第三节 高校教学管理信息化的现状分析

高校教学管理信息化是提升教育质量、优化资源配置、促进教育公平的重要途径,其进程不仅关乎技术手段的革新,更是教育理念、管理模式与教学实践深度融合的体现。高校教学管理信息化在近年来取得了显著进展。一方面,信息技术的飞速发展,特别是云计算、大数据、人工智能等新兴技术的应用,为教学管理提供了前所未有的技术支持。高校纷纷构建起涵盖学籍管理、课程安排、成绩录入、教学资源共享等多维度的综合信息管理系统,极大地提高了管理效率与数据处理的准确性。另一方面,信息化管理平台的搭建,促进了教学信息的透明化与即时性,使得师生能够便捷地获取所需信息，增强了教学互动的时效性与有效性。通过数据分析与挖掘，高校能够更精准地评估教学效果，为学生个性化学习方案的制定与实施提供了可能，从而在一定程度上推动了教育定制化服务的发展。

高校教学管理信息化在取得进展的同时，也面临着诸多挑战：首先，信息化建设的不均衡问题较为突出。信息化建设的不均衡现象在不同高校间表现得尤为突出，构成了制约整体进步的重要瓶颈，表现在资金投入的差异、技术支持的不同以及师资力量的不均等。部分高校因资源有限，难以在硬件设施上达到理想状态，软件系统更新滞后，人员培训体系亦不完善，这些因素综合作用下，导致信息化水平呈现出显著的校际差异。其次，信息安全问题日益凸显。信息安全问题正在随着教学数据的大规模集中与网络化传输而变得日益严峻。在数字化时代背景下，教学数据已成为高校宝贵的无形资产，其安全性直接关系到师生的隐私保护与教育活动的正常进行。然而，数据泄露等安全威胁频发，对信息安全防护体系提出了更高要求。最后，信息化与教学实践的融合深度有待加强。部分高校在推进信息化的过程中，过于注重技术层面的建设，而忽视了与教育本质的深度融合，导致信息化手段成了一种外在的附加物，而非内在的教学驱动力。这种表面化的技术应用，不仅未能充分发挥信息化在提升教学质量、促进教学方法创新方面的巨大潜力，反而可能因技术与教学的脱节，引发师生对信息化的抵触情绪。因此，深化信息化与教学实践的融合，成为当前亟待解决的问题。

面对上述挑战，高校教学管理信息化的未来发展需采取多维策略，既要注重宏观层面的政策引导与资源配置，也要关注微观层面的技术创新与教学融合。一方面，政府与教育主管部门应出台更多支持政策，鼓励高校间的合作与交流，共享信息化资源，共同提升信息化水平；另一方面，高校自身也应积极探索，勇于创新，将信息化视为提升教育质量、推动教学改革的重要契机，而非单纯的技术堆砌。总而言之，高校需要以积极的态度面对教学管理信息化进程，在挑战中寻找机遇，在困境中寻求突破，推动高校教学管理信息化不断迈向新的高度。

第四节 高校教学管理信息化的优化对策

一、树立科学的教学管理信息化服务观念

树立科学的高校教学管理信息化服务观念，是提升高校教学质量、优化资源配置、促进教学公平的关键。高校管理者要转变传统管理理念，积极运用信息化手段，不仅关注技术的应用，更注重服务模式的创新，以满足师生多元化需求，推动教育教学改革向纵深发展，为培养新时代高素质人才奠定坚实基础。

（一）树立现代教育观：以学术为中心

高校是知识创新与人才培养的摇篮，教育性是其本质属性。因此，无论信息技术如何革新，如何被广泛应用于高校管理的各个环节，都必须紧紧围绕高校的核心使命与目标——人才培养、科学研究及社会服务来展开。在这一宏观框架下，信息技术应被视为推动高校使命与目标实现的强大动力。即便在信息技术日新月异的今天，高校那些历久弥新的价值观与传统，如学术自由、理性探究精神及自由学习氛围，仍需得到传承与保护。这些价值观与传统，正是高校管理的灵魂所在，也是信息技术应用与推广应致力于维护与弘扬的核心价值。而人才培养与科学研究，作为这些古老价值与传统的主要传承途径，自然成为信息技术在高校应用中应重点关注的领域。

需要注意的是，在信息技术视域下，高校管理中行政权力与学术权力的矛盾依然凸显，这一矛盾若处理不当，很可能成为阻碍高校管理效率与水平提升的障碍。因此，构建科学的高校教学管理信息化服务观念，必须明确高校管理的核心是为学术活动服务。信息技术在高校管理中的应用，应致力于促进学术权力与行政权力的有效整合，确保管理服务在阳光下进行，既保障行政效率，又尊重学术自由。信息技术可以通过建立透明的决策机制、优化资源配置流程、提升管理服务效率等方式，为学术活动提供更加有力的支

持。同时,信息技术还可以促进师生之间的信息交流与共享,打破传统管理模式的壁垒,增强管理的民主性与参与性。通过这些措施,信息技术不仅能够提升高校管理的整体水平,还能够为学术活动的繁荣发展创造更加有利的环境。

(二)树立科学管理观:以效益为目标

树立科学的管理观念,尤其是以效益为目标的科学管理观,是推动高校教育教学改革与发展的重要驱动力。科学管理观念的核心在于,运用系统的整体性原则与结构优化原则,实施目标管理,并持续推动管理创新,以适应新时代高校教育管理的复杂需求。这一观念的形成,不仅是对传统管理模式的深刻反思,更是对现代教育管理理论广泛吸纳与融合的结果。现代教育管理理论为高校改革与发展提供了坚实的理论基础,其中,管理学与系统工程技术等普适理论的引入,极大地丰富了教育管理学的内涵,为高校管理实践提供了更为科学、系统的指导。在信息技术的推动下,信息传递方式发生了根本性变革,高校管理必须紧跟这一趋势,积极树立并践行科学管理观念。

作为高校教学管理的核心力量,高校领导者与管理者应率先垂范,以开放包容的心态接纳并应用信息技术等先进手段,应在高校管理领域开展探索性实验,通过实践检验新技术的可行性与有效性,并及时总结经验教训,将成功模式推广至教学、科研等各个领域。信息技术的快速发展与多样性,与高校组织的复杂性、多样性相互交织,为高校管理带来了前所未有的挑战与机遇。高校领导者必须敏锐洞察这一变革趋势,积极应对,做好充分准备。这包括提升信息技术素养,增强对信息技术的理解与应用能力;敢于创新,勇于突破传统管理框架的束缚;强化信息意识,优化信息资源管理,为领导决策、教学科研提供有力支持。

高校教学管理应注重借鉴与融合,目标管理模型、先进技术手段、管理服务流程等,都是其他社会组织在管理实践中积累的有益经验。高校管理者应保持开放心态，积极学习，结合高校自身特点进行本土化改造，以不断提升管理效益与水平。

二、打造坚实的教学管理信息化服务平台

（一）科学规划，总体设计管理信息化战略规划

在构建高校教学管理信息化服务平台的过程中，科学规划与总体设计管理信息化的战略规划很重要，这是提升高校管理效能、促进教育信息化深度融合的重要步骤。高校应立足于自身的发展愿景与办学特色，将管理信息化战略视为驱动学校转型升级的核心动力，通过精细规划与分阶段实施，确保近期目标与长期愿景的和谐统一。战略规划需紧密围绕高校的教育使命与战略目标，充分利用信息技术的潜能，明确其在优化管理流程、促进资源共享、提升决策效率等方面的具体应用路径，从而有效规避信息系统孤立、数据割裂及资源浪费等问题。

高校管理层需从战略高度审视信息技术的角色与价值，通过建立健全信息技术管理机构，赋予其足够的权限与资源，以确保其能有效引领并推动全校范围内的信息管理系统建设。战略规划框架应全面覆盖信息技术部门的组织架构、人力资源配置、技术选型与标准制定、操作流程规范以及实施路线图等关键要素，旨在构建一个既符合当前需求又兼顾未来发展的信息化生态系统。系统的优化与强化不仅关乎技术层面的升级，更在于通过增强系统的稳定性、安全性和兼容性，为教学、科研及管理工作提供坚实的技术支撑和高效的数据处理能力，这是实现教育现代化与管理精细化的基石。

（二）健全机制，着力提升管理信息化服务质量

在构建高校教学管理信息化服务平台的过程中，需要健全机制与提升服务品质。高校管理部门作为学校资源的核心掌管者，其角色不应仅局限于资源的占有，而应转变为资源的积极配置者与高效服务提供者。在信息

技术的浪潮中，信息管理系统需展现出更为开放与包容的姿态，全面服务于教师、学生乃至社会各界，成为知识传播与创新的桥梁。为此，信息管理系统应充分挖掘其作为信息枢纽的潜力，确保所有有价值的信息资源都能被有序地收纳于资源库中，并在用户需要时，能够迅速、无障碍地被检索与利用。这一过程不仅要求技术层面的优化，更需高校管理层持续完善服务机制，营造一个流畅、高效的信息交流生态，以促进信息的自由流动与知识的广泛共享。

随着信息技术的日新月异，高校管理者需保持敏锐的洞察力与灵活的应变能力，根据技术发展趋势与学校实际情况，适时调整管理策略，解决信息化建设过程中涌现的各种挑战，确保信息资源的有效传递、共享与利用，全方位支撑教学、科研、师生服务等核心活动。在此过程中，信息资源的整合与开发成为提升服务质量的关键所在。数据的深度挖掘与高效利用是信息管理系统迈向更高服务层次的必由之路，通过实时数据的采集、精选与存储，构建信息共享的生态系统，不仅能够加速信息流通，提升管理效率，还能促进各部门间的协同合作，形成合力。基于数据库的决策支持系统建设应被置于战略高度，通过对历史数据的深度分析与挖掘，提炼出有价值的洞察与预测，为高校领导层的决策提供科学依据，推动决策模式从经验驱动向数据驱动、科学决策的转变。这一转变不仅提升了决策的质量与效率，更为高校的长远发展奠定了坚实的数据基础。

高校在追求管理平台先进性的同时，应避免盲目跟风，而应立足自身实际需求，探索与学校发展目标相契合的管理服务平台。这意味着，平台的建设不仅要追求技术的领先，更要注重实用性与适用性，确保技术投入能够真正转化为管理效能的提升，而非造成资源的闲置或浪费。因此，高校需开展深入的需求分析，结合学校特色与发展战略，定制化地构建既符合时代趋势又贴合本校实际的管理服务平台。这样的平台不仅能够显著提升管理效率与服务质量，还能有效促进教学科研活动的创新与发展，真正实现信息技术与教育教学的深度融合，为高校的长远发展注入强劲动力。

三、实现教学管理信息化服务的流程再造

(一)再造业务流程,改进教学管理运行方式

实现高校教学管理信息化服务的流程再造,是顺应时代发展需求、提升教育治理能力的关键举措。在传统模式下,高校的业务流程往往呈现出基于科层结构的分散性特征,在信息技术日新月异的今天,传统模式已难以满足高效、协同的管理需求。因此,对业务流程进行根本性的重塑,构建一套完整且连贯的流程体系,成为提升高校教学管理效能的必然选择。业务流程再造的核心在于围绕高校的核心职能——教学与科研,对现有的管理活动进行深度梳理与分类。这一过程中不仅要求对高校内部的教学管理、科研管理活动进行细致剖析,还需明确其与学生管理、后勤管理等其他领域的界限,确保业务流程再造聚焦于教学科研这一核心领域。通过对教学管理与科研管理流程的全面审视与优化,旨在剔除冗余环节,增强流程间的逻辑连贯性,从而提升管理效率与质量。集中化管理是业务流程再造中的一项重要策略,它要求高校首先识别并确定那些对教学科研活动具有直接影响的关键服务事项,随后对这些事项的流程进行彻底的重构。这一步骤涉及两个方面:一是流程的简化与效率提升,通过去除不必要的步骤,减少审批层级,实现流程的精简与高效;二是组织结构的调整,打破传统的部门壁垒,依据服务事项的需求,组建跨部门、跨职能的工作团队,确保团队成员能够围绕共同的目标,协同作业,形成合力。

信息技术的深度融合应用,为业务流程再造提供了强大的技术支持,它不仅能够实现信息的快速传递与共享,打破信息孤岛,还能够促进业务流程的数字化、智能化转型。高校应充分利用现代信息技术,如云计算、大数据、人工智能等,推动办公自动化水平的提升,构建电子校务“一站式”服务平台。这一平台不仅能够实现业务流程的线上化、一体化处理,更重要的是,它能够驱动业务流程的根本性变革,促使高校管理模式从传统的科层制向

扁平化、网络化转变，为信息资源的自由流动与高效利用创造有利条件。在此基础上，高校教学管理、科研管理、行政管理及学生管理等各个层面均需协同推进，共同探索业务流程的优化路径。这要求高校管理层具备全局视野，能够跨领域、跨层次地整合资源，推动各管理环节之间的无缝对接与高效协同。只有当每一个管理层面都能实现业务流程的优化重组，才能从整体上推动高校管理水平的跃升，为教学科研活动的顺利开展提供坚实的支撑。

（二）优化组织结构，提高教学管理整合功能

在实现高校教学管理信息化服务的流程再造过程中，优化组织结构，提升教学管理的整合功能，是确保新业务流程高效运行的重要环节。传统的高校组织结构往往基于科层制构建，层级繁多，信息流通不畅，难以适应快速变化的管理需求。因此，必须对现有组织结构进行深刻的变革，以匹配再造后的业务流程，构建一个更加灵活、高效、协同的组织体系。组织结构的优化先体现在精简与整合上。通过减少纵向的管理层次，使决策更加贴近一线，信息资源得以在更低层级集中，从而加快响应速度，提高管理效率。这一转变要求高校从传统的科层化结构向扁平化结构过渡，打破层级壁垒，促进信息的自由流动与共享。同时，对机构编制进行精简，优化人员配置，是提升组织结构效能的另一重要途径。通过合理配置管理资源，建立一支精简而高效的管理队伍，确保每一项管理任务都能得到专业、高效执行。

组织结构的优化需围绕新的业务流程进行功能整合，高校应打破传统部门职能的界限，以业务流程为核心，将功能相似或互补的部门进行整合，形成协同作战的合力。一方面，通过制定标准化的规章制度，确保部门内部关系的协调与顺畅，提升部门内部的协作效率；另一方面，根据“一站式”服务的理念，将事务密切相关、流程相互衔接的部门集中办公，实现业务的无缝对接与高效处理。这种整合不仅减少了部门间的摩擦与推诿，还大大提高了整体服务的效率与质量。在组织结构优化的过程中，岗位调整与人员配备同样至关重要。遵循“人职匹配”的原则，将具备相应能力与素质的人

员配置到合适的岗位上,是确保组织结构高效运转的基础。通过科学的岗位分析与评估,明确每个岗位的职责与要求,再依据人员的专长与潜力进行合理配置,可以最大限度地激发人员的潜能,提升整体的管理效能。此外,组织结构优化还需处理好集权与分权的关系。在建立起科学的权力架构基础上,高校应根据自身的发展需求与管理实际,合理划分集权与分权的界限。在面向社会自主办学的过程中,既要确保必要的集权以维护学校的整体利益与战略方向,又要充分放权以激发基层的活力与创造力。通过在学校不同层面建立相互支持、相互制约的关系,实现集权与分权的有机统一,确保每一层面都能有效运作,共同推动学校的发展。

四、增强高校教师的信息意识与技术能力

(一)重视强化高校教师的信息意识

信息素养作为当代教育领域对教师能力结构的新要求,不仅映射了教育现代化的必然趋势,也深刻体现了信息时代对教育工作者的全面赋能。信息意识作为信息素养的先决条件,涵盖了对信息价值的认知、信息获取的能力以及对信息技术应用的自觉性。在信息时代背景下,高校教师依赖过往的知识积累与教学经验,已难以满足日益复杂多变的教育管理需求,因此,观念的革新与持续学习成了时代的必然选择。高校教师需不断提升自身的信息敏锐度与适应性,不仅应具备持续学习的动力,还需掌握与学科紧密相关的前沿信息,迅速构建起适应信息时代要求的信息意识框架。高校管理层需率先垂范,深刻理解信息资源在管理决策中的核心地位,意识到高效的信息处理与利用能力直接关系到管理效能的提升。信息意识的培养,本质上是对信息价值的高度认同,是对信息技术在教学、科研及管理中潜力的深刻洞察,以及在此基础上形成的主动获取、精准分析、有效利用信息的能力。

信息意识的强化要求教师应具备对信息时效性的敏锐感知,能够在浩

瀚的信息海洋中快速识别、筛选并整合有价值的信息资源，为教学创新与管理决策提供坚实支撑。面对学生日益多元化、个性化的学习诉求，教师更需树立以学生为中心的教学理念，充分利用信息技术手段，不断探索和实践新的教学模式，以满足学生个性化发展的需求。这一过程，不仅要求教师具备强烈的信息意识，还需他们能够将信息技术深度融合于教学设计与实施之中，从而拓宽教学路径，提升教学质量。此外，强化高校教师的信息意识，还意味着促进其终身学习理念的深化，鼓励教师主动拥抱信息技术带来的变革，不断从丰富的信息资源中汲取养分，提升自身的专业素养与创新能力。教师信息素养的提升，不仅直接关乎教学管理效能与科研成果的质量，更是推动高校行政管理现代化、服务水平升级的重要驱动力。因此，构建一个支持信息意识培育的良好生态环境显得尤为重要，包括建立完善的信息技术培训体系、营造积极的信息文化氛围，以及制定激励措施鼓励教师参与信息技术应用与创新实践，这些都将对教师的信息意识培养产生深远的正面影响。

（二）提高高校教师的信息技术能力

信息技术能力是高校教师专业素养的重要组成部分，其不仅关乎个体对信息的有效处理与创新应用，更是实现高效教学管理与科研活动的关键支撑。信息技术能力涵盖了信息的有效传递、保存、发布与提取，以及运用信息技术手段对信息进行深度整合与创造性应用，旨在解决实际问题的同时，确保信息的合理使用与安全维护。因此，无论是高校管理者还是一线教师，均需具备扎实的信息技术知识与技能，以便熟练运用各类信息管理平台，高效应对日常教学与管理工作中的挑战。

为了有效提升高校教师的信息技术能力，高校需构建一套系统化、多维度的培养机制，这一机制应涵盖从基础知识普及到高级技能应用的全方位培训内容，通过举办专题培训班、组织外出进修、参与前沿课题研究等多种形式，为教师提供丰富多样的学习机会。培训内容的规划，应紧密围绕信息技术与信息社会对高校教师信息素养的多元化需求，不仅涉及信息技术的基本原理、发展前沿，还应深入探讨信息技术在教学、科研、管理领域的具体应用，以及相关的法律法规与道德伦理规范，确保教师在掌握技术的同时，也能成为信息道德的践行者与传播者。在此基础上，建立健全的信息素养考核评价机制显得尤为重要。通过科学合理的评估体系，不仅可以激励教师主动学习、积极应用并推广信息技术，还能有效监测教师信息技术能力的提升情况，为后续的个性化培养与持续发展提供数据支持。值得注意的是，提升信息技术能力并非单纯追求技术层面的精进，而是要在技术掌握的基础上，促进教师综合素质的全面提升，包括创新思维、问题解决能力、团队协作能力等，这些都是信息时代背景下高校教师不可或缺的能力要素。

高校应将信息技术能力的提升与学校的三大核心职能——人才培养、科学研究、社会服务紧密结合，推动教育信息技术的研发与应用。通过设立专项研究基金、搭建校企合作平台、鼓励跨学科合作等方式，促进信息技术在教育领域的深度融合与创新，形成具有本校特色的信息管理系统与教学模式。在这一过程中，高校应充分重视教师在信息技术应用中的主体地位，鼓励教师基于教学实践，积极探索信息技术与教育教学深度融合的新路径，不断提升自身及团队的信息技术能力。此外，高校还应构建开放共享的信息技术交流平台，促进教师之间的经验分享与资源互助，形成良好的信息技术学习氛围。通过定期举办信息技术论坛、工作坊、教学竞赛等活动，为教师提供展示自我、相互学习的平台，激发教师对信息技术应用的热情与创造力。同时，高校管理层也应以身作则，积极提升自身的信息技术素养，为教师树立榜样，共同推动高校教学管理信息化的深入发展。

第三章 高校教学模式信息化

第一节 高校混合式教学模式

一、混合式教学模式的特征

混合式教学模式是将在线教学和传统教学的优势结合起来的一种教学模式，是当前教学研究的热点[①]，该模式基于现代教育理念，认识到学习过程不仅包含以记忆为基础的程序性知识获取，还涉及通过师生间深度互动促进的启发性思维发展。在线教育平台为程序性学习提供了丰富的资源和便捷的途径，使学生能够根据个人节奏和偏好自主安排学习，而传统的课堂教学则在启发性学习方面展现出独特优势，通过面对面的交流与指导，激发学生的批判性思维和创新能力。因此，混合式教学模式通过巧妙结合信息技术与传统教学手段，构建了一种以学生为中心、旨在激发学生自主学习潜能和创新能力的新型教学模式，为高等教育注入了新的活力，显著提升了其竞争力和教育效果。

在混合式教学模式下，教学活动被精心设计为两大核心模块：自主在线学习与课堂互动研讨。首先，自主在线学习模块通过精心制作的微课视频、互动练习、在线测验、即时通信工具等多种形式，为学生提供了灵活多样的学习资源，实现了学习的时空自由，满足了个性化学习的需求。然而，这一模式的片段化特性也可能导致学生难以形成系统的知识体系，影响知识的深度整合与应用能力。为此，课堂互动环节显得尤为重要，它通过即兴讨

---

①田宇.线上线下混合式“专业英语”教学的设计与构建[J].科教导刊，2020(20).

论、案例分析、问题解决等策略，促进了学生将在线学习的知识点与实践经验相结合，通过深度探究和合作学习，强化了知识的内化过程，提升了思维的主动性和创造性。其次，在课堂互动中，教师可灵活运用问题导向学习或项目式学习等教学策略，围绕教学重点、难点设计层次递进的问题链，引导学生在解决问题的过程中应用在线所学知识，通过小组合作、教师引导下的反思评价，深化对知识的理解与掌握。同时，基于最近发展区理论，问题设计需兼顾学生的兴趣与能力，以激发学生的积极参与和深度思考。此外，引入结构性问题，鼓励学生自主探索、查阅资料、构建模型，进一步培养其问题解决能力和创新思维。

另外，对于实践性强的课程，项目式学习成为混合式教学的又一亮点。教师根据教学目标设定具体项目任务，如实验设计、软件开发、数值模拟等，学生在制定计划、实施项目、撰写报告的过程中，不仅巩固了理论知识，还学会了跨学科知识的整合与应用，提升了综合素养。然而，鉴于课堂时间有限，完全依赖探究性学习可能会影响知识覆盖的广度。因此，混合式教学模式需灵活调整在线学习与课堂讨论的比例，既可采用以课堂教学为主导、在线学习为辅助的非翻转模式，也可实施以在线学习为基础、课堂讨论为深化理解的翻转模式，以实现两种学习方式的优势互补，最大化学习效果。

二、混合式教学模式的创新

(一)革新评价机制，构建全方位一体化督导评价体系

面对线上线下混合式教学的质量评价，高等教育机构需兼顾传统线下教学评价的精髓与线上教学环境的独特性，紧密围绕立德树人与“三全育人”的教育理念，参照审核评估及专业认证的严格标准，从课程形态、教学模式等多个层面入手，系统重构一个既具广度又含深度的全方位、一体化督导评价体系，此体系的构建，要求高校作为教育治理的核心主体，积极推动教学管理、质量控制、实施机制与评价体系的现代化转型，通过深度融合现代

信息技术与教育实践，把握机遇，构建集多功能于一体、教学督导紧密融合的网络平台，以此驱动督导工作的信息化与智能化迭代，形成教学与管理、监督与指导相辅相成的新型服务模式。

一体化督导评价体系的架构，应着重关注以下核心维度：首先，确保平台能满足基础教学的全面需求，包括但不限于直播授课、录播回放、课程资源建设、教学资料的便捷上传与获取、师生间的即时互动、辅导答疑以及考核评估等功能，为混合式教学提供坚实的技术支撑。其次，面对混合式教学的新常态，需构建一个能支持线上线下同步评价、具备高度灵活性与适应性的质量保障体系势在必行，这既要求评价体系能够支持自定义评价指标与权重，适应不同课程类型与教学模式的多元化评价需求，又要确保评价结果的多元化采集与直观展现。同时，建立高效的反馈循环，确保教师能及时获取评价反馈，促进教学技能的持续优化，同时也为学生学习成效的显著提升提供有力保障，并通过建立有效的沟通桥梁，增强师生与督导之间的互动交流。再次，鉴于当前线上教学工具与平台已能详尽记录教学活动的全过程，高校应进一步拓展信息技术应用，构建基于海量教学数据与教学质量评价结果的大数据仓库。通过对这些数据进行科学的统计分析与深度挖掘，揭示教育教学的内在规律，提炼解决教学实际问题的策略，为教学管理与决策制定提供科学依据。最后，平台的设计需确保管理模块的延展性与易用性，既要保障教师、学生等用户群体便捷接入，也要为管理层与督导人员开设专门入口，简化线上督导流程，确保教学评价的顺利实施与高效管理，从而为提升教学质量与教学效率奠定坚实的基础。

（二）强化督导管理，培养专业化科学化的督导团队

强化教学督导的体系构建与专业化团队建设，是提升教育质量、促进教学创新的重要举措。在教育现代化与信息化交织的当下，构建一个既科学又高效的督导管理机制，以及培育一支兼具专业素养与实践智慧的督导队伍，对于实现教学督导的全面升级具有至关重要的意义。首先，完善督导管

理的制度框架，确保督导活动的规范性与系统性，这要求教育机构须精准界定教学督导的角色与职能，通过细化督导任务、明确评估标准、设定合理周期及建立有效的反馈循环，将督导成果紧密连接至教学质量的持续改进之中。制度的健全不仅为督导工作提供了坚实的规范基础，也促进了“督”与“导”功能的深度整合与高效发挥。其次，优化督导团队的结构与素质，是提升督导效能的核心环节。面对高等教育日新月异的变革，督导队伍的建设须紧跟时代步伐，融入多元化、专业化的考量。因此，在选拔督导成员时，应综合考虑其道德品质、学科背景、教学实践经验、管理才能等多方面因素，以构建一支结构均衡、能力互补的高水平督导队伍。同时，重视督导人员的专业发展，通过建立持续的学习与培训机制，不仅加强对现代教育理念、教学方法的掌握，更新督导观念，提升评价的科学性与公正性，还应强化信息技术应用能力的培养，包括数据分析、在线督导平台操作等技能，以科技赋能督导，显著提升工作效率与精准度。

第二节 高校微课教学模式

一、微课的开发制作

（一）微课的开发制作过程

1.微课的可行性分析

微课的可行性探究旨在从技术维度、科学逻辑及实际应用层面，全面评估微课设计与实施的可行性与有效性，其核心议题聚焦于通过系统的调研与分析，验证微课在教学实践中的适用性、学生需求的契合度、经济成本的合理性，以及在开发阶段所需技术与人力资源的充分性。

（1）微课开发在课程中的必要性

在课程结构的构建中，微课要求开发者拥有全局性的视野，能够准确辨别出课程内容中哪些部分适合以微课的形式进行展示,而哪些部分可能不适合微课形式的有效传达。选择那些具有典型意义、广泛适用性以及核心价值的知识点,作为微课开发的重点内容,这是确保微课质量与效果的关键所在。

(2)微课对学生的作用

为了充分发挥微课在学生学习成效上的潜在作用,需要深入细致地分析学生群体的认知特点和学习习惯。通过明确特定知识点成为学习障碍或关键节点的原因,可以有针对性地设计微课的内容和呈现方式,从而最大程度地适应并推动学生的微型学习模式发展。

(3)微课开发的人才和技术保证

由于微课形式多样,涵盖了视频、动画、音频等多种媒介,因此开发团队必须配备精通音视频编辑、动画制作以及多媒体整合技术的专业人员,这样才能确保微课产品既具有专业性,又能吸引学生的注意力。

(4)微课的后期利用率预期

对于微课的后期利用率,要有明确的预期,这需要基于对学生需求的调研、课程重要性的评估以及历史数据的参考,来综合判断微课的潜在使用频率以及在教学活动中所能发挥的核心作用。只有这样才能确保微课资源的有效配置和持续利用,从而最大化地发挥其教育价值。

(5)微课开发的成本分析

虽然微课制作涉及脚本创作、视频录制、后期制作、音频处理、服务器维护等多个环节,但通过采用适合网络传输的低分辨率视频格式,可有效降低硬件投入,成本控制重点转向软件应用与人力成本优化,确保微课项目的经济可行性与可持续发展。

2.微课的知识单元分析

在微课的设计与构建过程中,知识单元作为其核心构成要素,其科学性与合理性直接关系到微课程的整体质量与教学效果。因此,对知识单元进行深入细致分析，是微课程设计流程中的首要环节，对于确保微课程内容与目标的一致性具有至关重要的作用。

（1）教学目标的分析框架

微课程的教学目标体系呈现出层次性特征，主要由一般性目标与在此指导下细化的具体目标构成。一般性目标从认知、情感、技能三个维度展开，为微课程的类型定位提供了宏观指导。基于这三个维度，微课程可被划分为认知型、情感型及技能型三类，以满足不同学习需求与教学目的。认知型微课程侧重于知识的传授与理解；情感型则关注学生的态度、价值观及情感体验的培养；技能型则强调实践技能的提升与应用。

（2）知识单元的构建策略

知识单元的构建是微课程设计中的关键环节，涉及目标与知识内容的精准匹配。首先，需明确知识单元与教学目标之间的对应关系，鉴于知识单元的小而精特性，每个单元应聚焦于实现有限且明确的教学目标，避免目标过多导致的内容庞杂。其次，通过深入分析教学目标，将其转化为具体、可操作的知识单元目标，这一过程需综合考虑知识单元的规模、难度以及其在课程体系中的定位。对于作为课堂教学辅助的微课程，知识单元的设计应紧密贴合教学大纲，而对于作为开放教育资源的微课，则需根据学生需求灵活扩展，纳入大纲之外的相关知识内容，以增强课程的实用性与吸引力。

（3）知识单元设计的核心理念

在知识单元的设计过程中，应遵循一系列核心理念，以确保微课程的高效与创新。首先，尽管微课程的知识单元相对独立，但它们之间仍应保持一定的逻辑关联与连续性，以促进知识的系统学习与深度整合。其次，知识单元的微小化与独立性使得每个单元都能成为独立的学习资源，便于学生根据个人需求进行选择性学习，实现知识的精准补充或拓展。此外，半结构化的设计原则赋予了微课程高度的灵活性与多样性，便于根据不同教学情境与学习需求进行调整与优化。开放性特征则鼓励知识单元之间的互联互通，通过设计合理的接口机制，促进不同微课之间的资源共享与协同学习。

最后,生成性理念强调微课程应是一个动态发展的过程,需根据学科发展、技术进步及学生反馈进行持续更新与优化,确保课程内容的时效性与前沿性。

3.微课的序列结构组织

在微课设计与开发过程中,知识单元的合理分析与组织是构建高效微课序列结构的基础。微课的内部结构呈现出一种半结构化的特征,这种特征不仅关乎微课自身的内在逻辑,还涉及其与教材知识体系的有效对接。为确保微课能够系统地支撑整体课程教学,必须对知识单元进行精心的结构化处理。

在构建微课序列结构时,需着重考虑完整性与灵活性的双重需求。完整性要求微课应形成一个完备的培养体系,以全面覆盖大多数学生的学习需求,确保学生通过连续的学习路径能够达成既定的教学目标。灵活性则旨在尊重学生的个体差异,允许学生在完成微课学习后达到相同水平的基础上,根据个人能力和兴趣进行有选择性的学习,从而实现个性化发展。通常而言,微课的开发会紧密依托教材,这使得知识单元的串行化过程相对直接。在深入分析知识单元后,可依据教材的目标体系来确立知识单元的序列结构,这一过程往往遵循自上而下的逐步细化原则,从抽象的总体目标出发,逐步分解出具体的子目标,并形成一棵学习目标树。在这棵目标树中,最底层的枝叶代表着具有明确学习目标的知识单元,它们共同构成了微课序列结构的基础元素。

4.微课的教学内容设计

微课作为一种新兴的教学模式,以其短小精悍、针对性强的特点,在教育领域得到了广泛应用。微课的教学内容设计是构建微课程资源包的核心环节,它直接关乎教学效果与学习体验。以下从主题设计和过程设计两个维度,深入探讨微课教学内容的设计策略。

(1)主题设计。主题设计需紧密围绕知识单元内容,明确重难点,并根据微课类型(认知型、情感型、技能型)进行差异化设计。

认知型微课:此类微课以知识掌握为目标,重点在于基本概念与原理的理解。设计时,应深入分析知识单元,提炼出一个至两个核心难点,通过生动的讲解和直观的演示,帮助学生突破认知障碍。难点部分可采用图表、动画等多媒体手段辅助说明,增强理解的深度和广度。

情感型微课:情感、态度与价值观的培养是此类微课的核心。主题设计应贴近生活,选取具有情感共鸣的案例,通过情景模拟、角色扮演等方式,激发学生的情感体验。教师在案例展示中应融入个人情绪、态度和价值判断,引导学生进行理性思考,从而在潜移默化中传递正确的价值观。

技能型微课:技能传授是技能型微课的主要任务。设计时,应明确技能目标,详细展示技术动作、流程、标准及应急处理等内容。可通过分步演示、操作示范、模拟练习等方式,帮助学生掌握具体操作技能。同时,注重技能的迁移应用,鼓励学生将所学技能应用于实际问题解决中。

(2)过程设计。微课的过程设计是教学内容设计的关键,它决定了微课的呈现方式和教学节奏。一个优质的微课应能在有限的时间内(通常10分钟以内,最长不超过15分钟)高效地完成教学任务。

快速引入课题:微课的开头应迅速吸引学生的注意力,搭建学习情境。可采用开门见山、故事导入、问题引导、悬念设置等多种方式,激发学生的学习兴趣和好奇心。引入部分应简洁明了,时间控制在半分钟至一分半钟之间,确保快速进入主题。

内容讲解主干清晰:内容讲解是微课的核心环节,应围绕主题展开,主线明确,逻辑严谨。讲解时应突出重点,避免冗长和无关的内容,确保学生在短时间内获得核心知识。可采用问题启发式、案例讲解式、故事隐喻、正反对比等多种教学方法,提高讲解的吸引力和有效性。同时,应注重知识的系统性和连贯性,帮助学生构建完整的知识框架。

总结收尾快捷有效:总结是微课不可或缺的一部分,它帮助学生梳理知识点,巩固记忆。总结应简洁明了,一针见血,既概括本节课的重点内容,又给学生留下深刻的印象。总结部分可采用图表、口诀、问答等形式,增强记忆的趣味性和效果。

测试题与作业布置：为了检验学生的学习效果，微课结束后可提供适量的测试题或作业。测试题应紧扣微课内容，难度适中，具有代表性。作业布置应考虑学生的实际情况和兴趣点，鼓励学生在实践中运用所学知识。同时，利用云端一体化平台，教师可以方便地检查作业、解答疑问，实现线上线下相结合的混合式学习。

(3)教学语言设计。在微课的微视频拍摄中，教学语言的精炼与高效是确保教学质量的关键。鉴于微视频时长的限制，教师必须对讲解内容进行精心规划，以确保在有限时间内有效传达核心知识。教学语言应精炼、明确，并富有感染力，通过恰当的手势与表情辅助表达，增强信息的传递效果。

对于认知型微课，教学语言需特别注重对关键词和关键原理的复述，利用认知心理学原理，通过精细复述促进短时记忆向长时记忆的转化。情感型微课则要求教师运用情感丰富的语言，与课程内容中的情感态度培养方向保持一致，以感染力强的言辞触动学生心灵，传递思想价值观。而在技能型微课中，教学语言需紧密配合操作动作，客观、明确地描述每一步骤，确保学生能够准确理解并模仿。

(4)辅助内容设计。微视频虽是微课的核心资源，但辅助内容的精心设计同样不可或缺，它有助于支撑和完善整个课程体系。辅助内容根据与微视频内容的关联度，可分为支持性内容、外延性内容和平行性内容。

支持性内容：这类内容直接支撑微视频中的知识点，包括逻辑支持、例证支持、基础理论支持和经典问题解决过程等。由于微视频时长有限，部分详细例证和例题讲解可作为支持性资源，供学生深入学习时参考。

外延性内容：此类内容与课程内容紧密相关，但超出了微视频的直接范畴，为学生提供了广度和深度上的拓展机会。基于最近发展区理论和个性化学习理论，外延性内容鼓励学生根据自身兴趣进行探索，促进深度学习，并与其他微课形成联结，构建更广泛的知识网络。

平行性内容：这些内容与课程在逻辑深度上平行，但具有独立性和开放性,不局限于课本或微课内容的直接拓展。平行性内容为学生提供了更多元化的视角和思考空间,有助于拓宽其知识视野。

(5)设计教学交互。基于云平台的微课教学,应充分利用平台优势,打造高效、互动的师生交流环境。微课程建设不应仅限于资源堆砌,而应注重与平台功能的深度融合,实现教学交互的最大化。

学习专题设计:研究性学习是提升学生综合素质的有效途径。微课可围绕一节或几节相关主题,提炼出研究性学习专题,通过云平台的学习专题模块进行发布和管理。专题设计应明确目标、计划、分组、时间表及成果展示等要素,激发学生的探究欲望和创新精神。

教学问答设计:针对当前微课中师生互动不足的问题,应充分利用云平台的教学问答系统,鼓励师生积极提问和回答。为提高问答系统的活跃度,教师可设置奖励机制,激发学生提问热情,并及时、准确地回应学生疑问,形成良性互动氛围。

实践活动设计:微课虽以微视频为核心,但其半结构化特点为实践活动提供了可能。对于以实践为目标的课程单元,可采用实践演示法、虚拟实践法或活动方案主导法等多种策略。实践演示和虚拟实践可通过微视频展示标准步骤和要点,或利用虚拟软件进行模拟操作;而活动方案主导法则将微视频作为辅助资源,以活动方案为核心,直指微课目标,精简解释,强调实践操作的合理性和有效性。

(二)微视频开发制作方式

1.课堂实录升级:采用双机位录制技术

课堂实录作为一种直接反映真实教学场景的微视频制作方式,能够最大程度地保留师生互动的自然状态,为观看者营造身临其境的学习氛围。在此基础上,采用双机位拍摄技术成为提升视频质量的关键。双机位设置不仅便于同步捕捉教师讲解与学生学习反馈的双重画面,还通过不同视角的切换，丰富了视频的表现力。此外，该技术路径既适用于传统教室环境的记录，也适用于专为微课程设计的特定教学环境，从而确保了视频内容的多样性与实用性。

2.课程PPT融合：结合解说词与录课软件高效制作

（1）准备课程PPT和解说词。PPT作为主要的画面展示方式，为教师提供了实施课堂教学逻辑和视听展示的平台。对于PPT的制作，要在追求简洁和美观的同时，务必避免过分注重外表而忽视实质性内容。PPT的设计应该合理，避免在单张页面上过度堆积内容。在学生阅读较为复杂或信息较丰富的PPT时，频繁暂停视频可能导致微课程的实际学习时间超过了其设定的约10分钟限制，这与微课程的初衷相悖。教师不能直接把课堂PPT拿来用，需要适当修改。解说词最好提前做设计，不一定逐字逐句地设计，但一定要列好提纲、把握好重点难点和分配一下时长。

（2）准备录课软件。电脑端录课软件常见的有Camtasia Studio、屏幕录像大师、BB Flashback等，这些软件功能强大，且操作简单，教师经过简单培训即可上手。录制视频的常见分辨率一般有720×576、1024×768、1280×800，帧速率不超过25FPS，录制颜色最好设置为16位（bit），保存格式为常见的mpg、wmv、avi等为宜。

（3）后期剪辑。后期剪辑的目的主要是去掉录制时的错误内容、删掉重复内容及语病、修饰不清晰的音频、适当的特效包装技术等。微课程的剪辑区别于电影电视的节目剪辑，主要剪辑目标是清晰、完整地呈现教学内容。所以，微视频在画面取舍上，不拘泥于画面的连续与完美衔接，但要尽量保证授课过程流畅，不产生歧义。

3.绘图互动教学：绘图板+电子白板软件+解说词+录课软件

在整合教育资源与技术以优化教学录制的过程中，采用绘图板、电子白板软件、解说词与录课软件相结合的策略，展现了其独特优势，尤其在录课制作及后续编辑阶段，该方案保持了一致性要求，其核心亮点在于以绘图板作为主要的教学展示工具。通过将绘图板与计算机端的绘图或电子白板软件相融合,教师能够轻松实现手写板书的数字化再现,这一过程仅需简短的技术培训,便可让教师熟练掌握与课程内容紧密相关的软件操作技能。此方案对于展现逻辑推理过程及复杂概念间关联具有显著效果,赋予了教师高度的自由度,模拟了传统黑板书写的自然与灵活性。此外,该模式还兼容并蓄,允许在录制阶段或后期制作中灵活融入图像、音频、视频乃至实物展示等多元教学素材,从而丰富了教学手段,提升了教学内容的吸引力和深度,为高质量教学资源的创建提供了强有力的技术支撑。

4.多媒介融合创新:纸笔/电子白板/液晶屏幕/抠像技术+摄像机

绘图板+电子白板软件+解说词+录课软件的方案成本较高,制作周期也较长,适合在学校有计划、有目的的微课程建设中开展。电子白板、交互式液晶屏有极强的交互特性,可以直接持笔书写,展示多媒体文件,是比较理想的展示平台,但是成本比较高。投影仪和液晶屏幕可以用来呈现PPS、多媒体文件,成本相对低廉,也可以利用抠像技术,制作人员在绿背景或蓝背景下先前期采集,然后利用后期软件去掉背景色,添加动态背景、知识要点、音画资源。摄像机采用单机位即可,拍摄过程由专门的拍摄人员负责,教师可以不用理会具体参数细节。

二、微课平台的建设与运行

(一)微课平台建设的核心要点

1.界面设计的简约美学

微课平台的界面设计是吸引用户并提升用户体验的首要环节。优秀的界面设计应遵循简约而不简单的原则,通过色彩、文字、图片及视频等元素的和谐统一,营造出既美观又易于操作的视觉环境。色彩选择上,以浅色调为主,能够有效减轻用户的视觉疲劳,营造出轻松愉悦的学习氛围。同时,界面布局需清晰有序，确保各类信息一目了然，便于用户快速定位所需内容。

2.系统功能结构的完善构建

微课平台的功能结构是其核心竞争力的体现，主要包括以下关键模块。

网站帮助系统：这一模块应详尽地提供平台使用指南、资源上传规范、留言板及论坛使用说明等，确保用户能够迅速熟悉并有效利用平台各项功能。此外，设立匿名留言板，及时解决用户在使用过程中遇到的问题，增强用户与平台之间的互动性和信任感。

微课资源中心：作为平台的核心，资源中心需按照课程体系进行科学分类，便于用户高效检索和获取所需资源。资源的分类不仅限于学科领域，还应考虑年级、学院等多重维度，以满足不同用户群体的个性化学习需求。

论坛模块：论坛是用户交流思想、分享经验的重要场所。其分类应与资源中心保持一致，形成资源与学习讨论的良性互动。用户在资源中心上传资源后，系统应自动在对应论坛板块生成带有链接的帖子，促进资源的广泛传播和深入讨论。同时，论坛应支持与社交媒体（如腾讯QQ）的账号绑定，实现信息跨平台同步，扩大用户社交圈，增强学习社区的凝聚力。

检索系统：高效的检索机制是提升用户体验的关键。平台应提供分类检索和综合检索两种方式，允许用户根据专业、年级、学院等属性快速筛选资源，或通过标题、关键词、作者等核心属性进行综合搜索，确保用户能够精准定位所需资源。

资源管理与个性化推送：平台应具备强大的资源管理功能，包括资源订阅、收藏、评价等。通过XML等技术实现个性化资源推送，根据用户订阅偏好，及时通过短信、邮件等方式通知用户新资源上线。同时，用户可自由管理个人收藏夹，对上传、下载或喜爱的资源进行分类存储，提高学习效率。

后台管理系统：后台管理是平台运维的核心，应具备对资源、论坛及用户行为的全面监控和管理能力。管理员可依据用户在线时长、发帖频率、资源上传下载情况等数据，进行统计分析，以报表形式呈现，为平台优化和决策提供依据。此外，后台管理应实行角色权限分级，分为网站管理员、教师和学生三类,确保平台安全有序运行。

(二)用户角色权限体系的建设

在微课网站的运营与管理中,构建一个清晰、合理的用户角色权限体系是确保平台有序运行、提升用户体验的关键。基于网站的使用对象及其需求差异,以下将网站用户划分为教师、学生、匿名用户及网站管理员四大类别,并针对各类用户设计了相应的权限分配方案。

教师注册:教师注册用户作为微课内容的主要创作者与传授者,其权限在涵盖学生用户所有功能的基础上,进一步扩展至资源与论坛的高级管理层面。在资源管理方面,教师具备对特定类目下微课资源的全面操控能力,包括资源的查看、删除、修改、上传及评价,以确保教学内容的准确性与时效性。在论坛互动方面,教师有权申请开设独立课程讨论区,并设立用户组以实施精细化管理,如分发学习资料、发送群组通知、推荐优质资源、监控学生上传内容及分析学生网络学习行为数据,涵盖上网时长、活动板块、发言频率等关键指标,为教学评估提供数据支持。

学生:学生注册用户在学生身份的基础上,相较于匿名用户享有更多参与与互动的权限。在资源层面,学生不仅能上传、下载及再编辑个人资源,还能对心仪资源进行收藏与订阅,以便后续学习。在论坛活动中,学生可维护个人基本信息、积极参与讨论、申请加入特定课程讨论组,并与其他用户通过站内短消息或留言板块进行交流,促进知识共享与学术探讨。

匿名用户:匿名用户作为网站的广泛访问者,其权限主要集中在资源的检索、查询与获取上。他们可以对浏览的资源进行留言评价,并通过网站提供的留言板寻求帮助或反馈意见,增强了网站的互动性与用户参与度。

网站管理员:网站管理员作为平台运维的核心,承担着用户与资源管理的双重职责。在用户管理方面,管理员有权添加、删除、修改学生与教师用户的信息及权限,确保用户数据的准确性与安全性。在资源管理层面,管理员负责资源的入库审核、内容编辑与删除,以保障网站资源的质量与合法性。此外，管理员还全面管理论坛，包括帖子审核、不良信息屏蔽、内容删除与修改，并有权查看全站用户的网络行为统计数据，如登录次数、在线时长、发言频次及活动板块分布等，为网站的优化升级与用户体验提升提供数据支撑。

（三）微课网站的高效运行流程

教师可充分利用微课网站助力课堂教学，在课程开始之前，教师可通过微课资源网站发布课程相关信息，包括在论坛专属板块、教师个人微博、邮件推送等方式，向学生传达课程资料（如微课视频、教学课件、讲稿等），布置课程任务，并提出讨论主题。学生需积极参与互动，上传搜集到的各类课程相关资源，教师审核后，将资源发布至网站，为课堂教学奠定坚实基础。

在课堂教学过程中，学生依据自学的网络课程资源与讨论主题，在课堂上与教师展开互动，依据网站平台的学生网络学习行为统计信息，对已经参与网络学习讨论的学生，直接回答其学习疑惑；对未进行网络学习的学生，引入新课、讲解要点、布置任务、督促学习、有针对性地区别辅导。课后，再次通过微课资源网站，汇总讨论问题，上传新课任务。

学生在课前通过微课资源网站与教师腾讯微博邮件等方式，自主学习教师布置的新课任务，收集学习各类课程相关资源，并将自己认为较好的资源上传至微课网站，提交教师审核。同时整理学习疑问，在课堂上集中与教师和同学讨论，课后再通过微课资源网站发帖或向教师发邮件解决遗留问题，接收教师新课内容，开始下一单元的学习。

三、微课教学模式的具体实施

（一）微课教学模式实施的原则

1.吸引力原则

微课的成功与否，在很大程度上取决于其对学生群体的吸引力。微课开发者需从学生的视角出发，精心设计课程内容，以增强微课的易学性和趣味性，这要求开发者摒弃传统的说教方式，转而采用更加贴近学生认知特点的教学手法,使微课内容既易于理解又充满乐趣。唯有如此,方能确保学生能够主动、反复地观看微课,从而充分发挥这一学习资源的教育价值,助力学生取得显著的学习成效。

2.实用性原则

微课虽“微”,但其教育价值却不容小觑。开发者在创作过程中,应始终坚守实用性的底线,确保所开发的微课内容具有明确的教育或学习价值。切忌过分追求表面的华丽效果,而忽视微课的实际教学意义,这一原则是所有微课开发工作的基本准则,也是保障微课教学质量的关键所在。

3.灵活性原则

微课教学模式的灵活性是其显著优势之一。在教学实践中,微课可灵活应用于课前、课中及课后等多个环节。课前,学生可通过自主学习微课内容,提前了解课堂要点,为后续的师生交流奠定基础;课中,教师可将微课作为辅助教学资源,适时播放以帮助学生更好地理解难点知识;课后,微课则成为学生复习巩固的重要工具,确保每位学生都能全面掌握所学知识,这种灵活的应用方式,有助于满足不同层次学生的学习需求,实现个性化教学。

4.反馈性原则

微课的开发、应用及共享是一个持续优化的过程。为确保微课内容的质量与效果,开发者需及时收集并分析来自各方面的反馈信息。通过多元评价、教学反馈等多种手段,对微课进行全面、客观的评价,以便为后续的课程设计与开发提供有价值的参考。同时,及时的评价与教学反思也是推动优秀微课不断涌现、实现资源共享的重要保障。

(二)微课教学模式实施的标准

1.内容契合性与准确性标准

微课内容需严格遵循课程教学大纲的指引,紧密围绕教学主题展开,着重突出核心要点、难点及关键知识点。微课应具备一定的思想深度,旨在激发学生的深层思考，并引导其进行自主探究学习，从而有效辅助课堂教学。在内容表述上，微课必须确保准确无误，避免科学性、知识性或文字性错误，以确保信息的真实性和可靠性。同时，微课的教学目标需明确且符合教学大纲要求，内容不宜过于庞杂，应确保既符合专业教学标准，又适应学生的认知水平和能力。此外，微课的整体设计应体现创新性，具备较高的推广和应用价值。

2.学生适应性标准

微课的设计应充分考虑学生的学习心理特征，力求在有限的时间内提升学生的学习效率和兴趣。微课内容应难易适度，采用深入浅出的方式呈现，以适应不同认知水平的学生需求。通过激发学生的学习兴趣和热情，促进其对知识的深入理解和掌握，同时注重培养学生的综合能力和素质。此外，微课应强调教学互动，通过设计启发性问题、讨论环节等方式，引导学生主动思考、积极参与，从而有效提升学习效果。

3.教师教学艺术展现标准

在微课教学中，教师的教学语言应规范、清晰、准确且简洁，以确保教学信息的有效传递。同时，教师应注重仪表端庄、严守职业规范，以展现出良好的教学风范和个人魅力。微课教学还应体现教师的创新能力和教学技艺，通过独特的教学方法和手段，使教学内容更加生动有趣，吸引学生的注意力。

4.教学资源完整性标准

微课作为一种教学资源，其完整性至关重要。除了微课视频本身应具备主题明确的名称、片头、正文、片尾及字幕等完整的媒体元素外，微课的开发者还应提供相应的教学设计、教学课件、学生作业等配套资源，这些资源的提供不仅有助于教师更好地理解和运用微课进行教学，也能为学生的学习提供更为全面的支持和帮助。

（三）微课教学模式实施的范围

1.教师在备课过程中的资源借鉴与学习

微课平台汇聚了大量优秀教师的授课课件，这些课件不仅体现了教师对课程标准的深刻理解，还包含了对教材的精准解析以及课堂教学设计的精湛技艺。对于备课教师而言，这些资源无疑是宝贵的财富。通过学习借鉴这些优秀课件，教师不仅能够提升自身的专业素养，还能直接吸收先进的教学理念和方法，从而优化自己的教学设计，提高教学水平。相较于传统的课堂实录和教案，微课以PPT课件配合教师讲解的形式呈现，更加直观且针对性强，对教师的备课工作具有直接的启发和借鉴作用。

2.学生课后复习的辅助工具

根据艾宾浩斯遗忘曲线的原理，学生课后复习对于巩固所学知识至关重要。微课为学生提供了一种高效的复习方式。通过观看教师的微视频，学生可以重温课堂内容，加深对教材的理解，同时激活记忆细胞，提高复习效果。教师可以将自己的微课视频上传至网络，供学生随时随地进行复习，从而有效弥补传统复习方式的不足。

3.缺课学生的补课与异地学习解决方案

微课教学模式为因故缺课的学生提供了便捷的补课途径。学生无需等待教师安排补课时间，也无需担心补课内容不如课堂详细。他们可以通过网络下载教师的微课视频进行自学，及时补上所缺课程。此外，微课的移动学习特性使得学生在外地也能轻松学习，只需携带笔记本电脑、平板电脑或智能手机等便携设备，即可实现随时随地学习，这种学习方式打破了传统学习的空间限制，实现了从“固定学习”向“移动学习”的转变。

4.假期学生自学的有效支持

寒暑假期间，学生拥有较长的时间进行自主学习。微课教学模式可以为学生提供预习和复习的有效支持。教师可以根据学生的需求提前录制微课视频，帮助学生规划假期学习计划，这些视频应针对学生的自学特点进行设计，与日常授课视频有所区别，以更好地引导学生自主学习。通过微课的辅助，学生可以更加高效地利用假期时间进行知识巩固和拓展，提高自学效果。

（四）微课教学模式实施的策略

1. 超越传统，构建动态交互教学模式

微课教学应打破传统教学模式的线性框架，转而追求一种动态、网状、循序渐进且结构清晰的教学与学习路径。在这一过程中，控制性与释放性的巧妙结合是关键所在。微课应致力于实现教师教学与学生学习的协同共进，即“学教并重”，通过“以教师为主导，学生为主体”的“双主融合”模式，促进学生、教师、微课资源及技术平台之间的深度互动与动态交融，从而构建一个充满活力的学习生态系统。

2. 澄清误解，拓宽微课资源内涵

针对将微课简单等同于微视频教学的误解，需明确微课的丰富内涵。微课不仅限于视频形式，还涵盖了音频、多媒体文件以及与教学主题紧密相关的教学设计、素材课件、教学反思、练习测试、学生反馈和教学点评等多元化支持资源。微课的核心在于利用信息技术手段与特定知识点或教学环节的深度融合，而非局限于技术媒介的表面形式，以实现教学内容的深度挖掘和高效传递。

3. 整合时空，确保知识连贯性

微课虽以片段化形式呈现教学内容，以适应学生的视觉驻留规律和认知特点，但如何确保知识的系统性和连贯性是一大挑战。微课设计应聚焦于课程中的重点、疑点、难点，进行精细化的信息化教学设计，合理规划时间单元，既保持知识的相对独立性，又确保与整体教学内容的有机联系。同

时，鼓励学生利用教学支持工具，在零散时间中进行移动学习，实现课内正式学习与课外非正式学习的无缝对接和连续统一。

4.实证应用，验证教学效果

微课教学的科学性和实效性需通过具体教学情境下的实证研究来验证，这要求将微课置于真实的教学环境中，综合考虑教学环境、条件、因素等多方面因素，进行系统观察、分析和评估。通过实证研究，可以更加科学、客观地指导微课的设计、开发和实施，进而优化学生的学习体验和学习成果。在具体应用中，微课应与常规课程紧密融合，体现课程特色，同时贴近学生学习兴趣，以增强其吸引力和有效性。

5.教师素养提升，支撑微课教学实施

微课教学的成功实施对教师提出了更高要求。首先，教师应深入理解并掌握课程内容，具备高度的知识整合与驾驭能力，以便在微课制作中灵活调整教学内容结构。其次，熟练掌握教学技巧，能够在有限时间内高效传达知识，灵活运用多种教学工具和方法，确保教学过程的流畅与高效。此外，教师还需勇于尝试教学模式的创新，如翻转课堂等，以充分发挥微课的潜力。同时，深入了解学生需求，从学生的视角出发设计微课，确保教学内容贴近学生实际。最后，教师应将育人理念融入微课之中，通过微课传递不仅限于知识本身，更包括教育思想、人生哲理等，实现知识传授与价值引领的双重目标。

（五）微课教学模式实施的评价

1.教学评价方法的类型

教学评价作为教育活动中的重要环节，旨在通过科学、合理的手段对教学活动及其效果进行全面、客观的评估。为实现教学评价的目标，研究者与实践者开发了多种评价活动方式、程序与手段，这些方法广泛覆盖了教学活动的各个方面，包括教师的教学课堂表现、课外辅导效果、教学成果，以及学

生的学业成就、实践技能、思想品行等。以下对教学评价中具有普遍性和通用性的主要方法进行深入探讨。

(1)相对评价法

相对评价法是一种基于群体内部比较的评价方法,其核心在于从评价对象的集合中选取一个或若干个作为基准,然后将其他评价对象与这些基准进行比较,以确定它们在群体中的相对位置。该方法因其适应性强、应用广泛而备受青睐。无论评价对象的整体状况如何,相对评价法都能有效地进行个体间的比较,从而评出个体在集体中的相对水平。通过建立在对象评价和群体测评基础上的标准,该方法能够揭示个体间的差异,为被评对象提供相对客观、公正和精确的判断。然而,相对评价法也存在一定的局限性。由于评选出的优秀者可能并非真正具备高水平或高质量,而未被选上的个体也未必水平较低,因此这种方法可能会降低评价的客观标准。此外,评价结果仅反映评价对象在特定范围内的相对位置,而非其实际水平,这可能导致对教育目标完成情况的忽视。

(2)绝对评价法

绝对评价法是一种基于客观标准的评价方法,其特点在于在被评价对象的集合之外确定一个明确的、与被评价群体相对独立的客观标准。评价时,将评价对象与这一客观标准进行比较,以判断其所处的水平。绝对评价法的优势在于其标准的明确性和客观性。由于标准在测量评价之前就已确定,因此评价结论具有较高的可靠性和有效性。此外,该方法不依赖于被评对象所在群体的状态水平,而是直接通过比较得出评价结论。绝对评价法还允许评价结果的得分分布事先不做硬性规定,不强求被评对象之间的等级划分,而是鼓励达标者越多越好,这种灵活性使得绝对评价法在实际应用中具有广泛的适用性。

(3)个体差异评价法

个体差异评价法是一种以被评价者自身在某一时期的发展水平为基准的评价方法。该方法强调尊重个体差异,根据每个被评价者的实际情况进行评估,从而反映其发展状况。个体差异评价法的最大优点在于其充分体现了因材施教的原则,能够减轻被评价者的压力,促进其个性化发展。然而,该方法也存在一些不足。由于缺乏客观准则,评价过程中可能难以为被评价者提供明确的目标导向,从而限制了评价的效能。此外,个体差异评价法在实际操作中可能较为复杂,需要评价者具备较高的专业素养和判断能力。

(4)自我评价法

自我评价法是指被评价对象依据一定的评价标准对自身进行评定和价值判断的方法。在教学评价中,自我评价可以体现在学生对自己的思想品德、知识掌握、能力发展、身体状况等方面的评价,以及教师对自己的教学思想、内容设计、方法选择、态度表现、教学效果等方面的评价。自我评价法的优势在于能够激发被评价者的主动性和自我反思能力,促进其自我发展和完善。通过自我评价,被评价者可以更加清晰地认识自己的优势和不足,从而有针对性地制定改进计划。然而,自我评价也可能受到被评价者主观因素的影响,导致评价结果的客观性和准确性受到一定程度的影响。

(5)外部评价法

外部评价法,又称他人评价法,是指由被评价对象以外的组织或个人依据一定的评价标准对被评价者进行评价的方法,这种方法主要包括同学之间的互评、教师对学生的评价、教师间的互评以及领导对下属的评价等。外部评价法作为教学评价的重要手段和途径,具有客观性和公正性的优点。通过引入外部评价者,可以更加全面地了解被评价者的实际情况,避免自我评价中可能出现的主观性和片面性。然而,外部评价也需要遵循科学、客观的原则,确保评价结果的准确性和有效性。只有秉持公正、公平的态度进行他评,才能充分发挥教学评价在鉴别与激励方面的作用,推动被评价者不断完善工作,实现持续发展。

2.微课教学评价的原则

(1)教育导向性原则

教育导向性原则强调微课教学应注意以下要点:一是严格遵循国家教育方针,教学目标需清晰明确,旨在有效促进学生知识体系的构建与能力的发展;二是注重理论与实践的深度融合,选材需贴切且具有针对性,选题应聚焦于重点难点的突破;三是遵循教学原理与认知科学规律,通过深入浅出地分析推理,以富有启发性的方式,将理性知识感性化、抽象知识形象化、枯燥知识趣味化、深奥知识通俗化,从而增强学生的理解与记忆;四是追求教学内容的生动性与形象性,充分利用视觉、感知、听觉等多种感官通道,提升学习效率。

(2)科学严谨性原则

科学严谨性原则主要有以下要求:一是微课中涉及的基本概念、定理、定义及公式必须描述精确,所举例证需真实可信;二是分析、推理及论述过程应逻辑严密,实证步骤无懈可击;三是解说语言需精确无误,专业术语使用规范,文字符号表达准确,确保信息的准确传递。

(3)实用高效性原则

实用高效性原则主要强调以下要点:一是微课设计应简便易行,操作界面友好,具备较强的容错能力;二是选题需科学合理,内容筛选需严谨恰当,以确保学生能够高效吸收知识;三是微课应能显著提升学生的学习效率,加深对知识的理解和掌握程度。

(4)艺术审美性原则

艺术审美性原则注重微课的艺术表现力,具体要求包括以下方面:一是创意独特,构思精巧,节奏把控得当,具有较强的表现力和感染力;二是画面设计需美观流畅,切换自然,整体布局合理,主题突出,表达力强;三是声音效果需清晰无杂音,与文字、图片等元素完美融合,全方位调动学生的感官体验。

（5）技术支撑性原则

技术支撑性原则强调微课的技术实现需要注意以下方面：一是图像、声音、文本等多媒体元素设计合理，画面清晰度高，字幕易于识别；二是确保声像同步，音量适中，提升观看体验；三是微课应具备良好的跨平台兼容性，运行稳定可靠，容错能力强，能够适配不同配置的计算机设备，确保学习的连续性和无障碍性。

3.微课教学评价的对策

（1）融合定量与定性评价手段

鉴于单一量化评价可能导致的评价片面性，即忽视难以量化的教学要素，进而影响评价结果的准确性和可信度，建议采用定量评价与定性评价相结合的综合评价模式，这一策略旨在通过全面收集并分析各类数据，既包括可量化的指标，也涵盖质性描述，从而提升评价结果的全面性和可靠性，同时增强评价结果的横向与纵向可比性。

（2）构建系统化的评价反馈机制

评价反馈是精准把握微课建设现状与使用效果的关键环节，对于促进开发者及时识别并改进存在的问题至关重要。因此，应建立一套完善的评价反馈体系，该体系应充分利用专家评审的专业性与网络评价的广泛性，形成多维度、多层次的反馈网络，以确保反馈信息的全面性和针对性。

（3）运用统计加权法确定指标权重

为减少评价过程中的主观随意性，提升评价的科学性和合理性，建议采用统计加权法来设定各项评价指标的权重，这种方法不仅能够准确反映各指标在评价体系中的相对重要性，还是确保评价指标体系具有可比性和客观性的基础。通过科学合理的加权处理，可以使得评价结果更加公正、客观。

（4）基于微课特性构建立体化评价体系

考虑到微课的独特性，应从内容、形式等多个维度出发，构建一个立体化的评价体系，这一体系应涵盖教学成果的全面评估、学生反馈、同行评议等多个方面,并特别重视学生自我评价和同伴评价的作用。通过构建这种多维度、全方位的评估框架,可以更加全面地反映微课的教学效果,进而保障人才培养的质量。

(5)实施评价反馈循环再评价机制

教学评价是一个动态循环的过程,对前次评价结果的深入分析不仅是对上一轮评价工作的总结,也是为下一轮评价提供有效依据的重要途径。因此,建议采用评价反馈后再评价的方法,通过对前次评价结果的反思与调整,不断优化评价策略和方法,确保评价工作的持续改进和有效性。

第三节 高校慕课教学模式

一、慕课教学模式的特征与类别分析

(一)慕课教学模式的特征分析

1.规模大

规模大不仅体现在学生人数,还体现在课程资源的丰富程度。得益于信息技术的发展,慕课学习日益普及,每天在各个慕课学习平台上学习的学生人数高达数万。从表面上来看,慕课课堂规模庞大,上课地点不固定,可随学生个人需求灵活变动;学习时间无限制,可以随时进行。因此,慕课在学习时间和空间上展现出前所未有的广泛性。同时,在课程内容方面,参与者及受众范围亦相当广泛。

(1)课堂人数多。由于慕课采用在线学习的方式进行教学和学习,打破了传统课堂教学地域空间和时间的限制,可以实施全天候跨地域学习,可以把碎片化时空转变为课堂进行教学,这就使得每门课程可以容纳大量的学习群体,再加上网络技术和大数据技术使信息处理实现了质的飞跃,这也使课堂管理和考核有大量的学生参与进来成为课程。所以,课堂规模是传统

教学所无法想象的。

(2)受教育群体范围广泛。慕课的初创理念就是让世界上最优质的教育资源传播到世界上最偏远的角落。全世界的人无论年龄、性别、职业等都可以注册学习,这种开放性教学模式打破了高校对课程教学的垄断,也使得参与群体得到质的飞跃,这也是慕课同传统课程以及远程教育的最大区别。由于慕课推行的免费教育理念和参与门槛比较低(大多只需要注册),使得非高校的学生甚至不同职业和年龄阶段的人群都可以加入在线学习,所以慕课参与面十分广泛。因此,慕课是一种巨型的课程。

2. 自主性

慕课的教学方式完全颠覆了以往传统的教学模式。在慕课教育中,学生的中心地位得到了突出,学生在课堂上不再是消极的、被动的,而是积极的、主动的,教师在其中只是适当地发挥指导作用,引导学生整理知识信息,完善知识系统。

慕课为学生提供了自主选择学习资源的机会,从而有助于提高学生的自主学习能力。在此基础上,学生自主学习能力的提升将使其更加自觉地投入学习,并实现知识的内化。在慕课教育平台上,学生既能通过课前预习对自主学习能力进行自我评估,以便在课堂上实现有针对性的学习,又能与同学展开互动讨论,充分发挥学习的自主性,全面掌控自己的学习进度与状态。

3. 开放性

慕课的开放性特质,深刻地体现在其平台构建、学习过程及资源获取的全方位开放之中,这一特性随着技术进步与教育理念的革新而日益彰显。初期,慕课的发展尚受限于平台建设的不足,其开放性亦受制约。然而,随着慕课平台的逐步成熟与免费共享原则的广泛接纳,慕课的开放性迎来了前所未有的拓展。

慕课不仅打破了传统高等教育对课程资源的封闭壁垒,更将知识传播推向了一个全新的开放境界。具体而言,其开放性体现于以下几个维度:一是注册门槛的开放，全球范围内的任何个体，不受年龄、性别、职业等社会属性的限制，均可自由注册并参与学习；二是学习时间的灵活开放，学生可根据个人时间安排，随时随地进行学习，摆脱了传统教育模式的时空束缚；三是课程内容的全面开放，注册用户能够自由选择平台上的任何课程，享受无限制的知识盛宴；四是学习空间的无限开放，互联网的普及使得学习不再局限于物理意义上的校园与教室，而是跨越地理界限，实现真正的在线学习；五是学习评价的多元开放，多采用智能化评价系统或同伴互评机制，既保证了评价的客观性，又促进了学生之间的交流与反馈，这些开放特性共同构成了慕课独特的魅力，为全球范围内的知识共享与终身学习提供了强有力的支撑。

4.非结构性

近年来，慕课研究成为学界研究的热点，基于此，不少高校也开始行动起来，纷纷引入慕课平台，对慕课进行有效推广，这为学生的学习提供了更加便捷的渠道。需要指出的是，基于网络技术而形成的慕课与传统教学之间其实有着密切的联系，慕课给学生提供的是一种适合碎片化学习的环境，这种碎片化的知识就凸显了慕课的非结构性特点，学生可以自由地选择自己想要学习的内容，而对于传统教学而言，其着重点是通过科学、系统的教学设计完成对人才的专业化培养，重视学生知识体系的建构。慕课融入传统教学，对于传统教学而言，这有利于丰富传统教学的手段，而对于慕课而言，这有利于进一步推动慕课的实施与研究。

（二）慕课教学模式的主要类别

1.cMOOC

cMOOC是一种在建构主义支持下形成的教学模式，这种教学模式改变了以往学生被动接受知识的局面。人们都生存在客观世界中，不同的人对世界的认知不同。因此，有的人对客观世界的认知就产生了偏差，这样就需要接受正规的系统教育来正确认识世界。对于学生而言,应该主动地去构建知识,教师也应该从以往对学生的知识灌输变成知识的引导者和发起者。学生在学习中养成自觉学习的好习惯,才能为自己的全面发展找到合适的道路。cMOOC教学主要是为了培养在信息技术支持下的网络知识人才,通过cMOOC进行学习的人可以形成对数字信息的敏感性,并且在学习中主动建构自己的知识体系,乐于创新知识。在cMOOC教学模式中,学生可以形成良好的信息组织能力,但并不是每一个学生都可以具有这样的能力。因此,学生在cMOOC教学中集中注意力,踏实学习是十分必要的。

2.xMOOC

在xMOOC教学中,教师将自己的教学计划发布到平台上,学生可以根据自己的兴趣选择自己喜欢的一门课程。在选课之后,在xMOOC教学平台上有课程开展的时间和进度。学生可以根据教学计划来安排自己的学习时间。教师在制定好教学计划之后,会提前将课程的视频上传到教学平台。xMOOC教学视频是教师特意准备的,并不是将一些录制好的课程拿过来直接用。xMOOC视频是由一个个小的视频组成的,不同的慕课视频的时长都控制在十分钟以内。在学生完成一个xMOOC视频学习之后,在视频的结尾有教师设置的问题,只有答对了这些问题,学生才可以开始下一个视频的学习,否则只能重新学习。完成一个知识的学习之后,教师会布置相关的作业,学生需要在规定的时间内完成作业,否则系统就会自动判定为零分。作业提交之后由学生进行互评。在学生互评之后,教师再进行审核,然后确定最后的分数。在结束一个课程的学习后,接下来就是期末考试,学生在xMOOC平台上学习,接受网络考试。学校可以实行线上学习、线下考试的方式。

二、慕课教学模式的具体作用与构建

(一)慕课教学模式的具体作用

第一,拓展学生的知识储备。我国主要通过课堂学习的方式来帮助学生学习，在课程中，学生学习能够利用的课堂时间是有限的。但是，慕课的出现就解决了这种问题，慕课在高校教学中主要使用网络平台，这种教学模式可以使学生随时随地学习，极大地扩展了学生学习的范围，对丰富学生的知识十分有利。

第二，有利于形成能力培养平台。如今，在很多高校中使用一些开发好的慕课平台，这些学习平台中包含很多学习资源，可以为慕课教学提供很多服务。随着科技的发展，教学平台的建设也逐渐完善起来。在慕课平台上，有很多与专业有关的知识，学生可以结合自己的专业学习相关知识。因此，慕课为专业能力的培养提供了平台。

第三，完善教学模式和教学内容。首先，完善高校教学模式。高校教师主要将课文等材料，制作成视频以供学生观看。教师设置的问题学生如果不能想到答案，可以通过慕课平台的交流窗口进行解释，从而引发学生深入思考问题。教师和学生之间就疑问进行交流，可以引发学生的求知欲和好奇心，从而使学生在接下来的学习中保持高度的热情。其次，丰富高校教学内容。慕课教学有信息技术做支撑，教学资源特别丰富，因此，它可以满足不同学习个体对知识的个性化需求。在慕课平台上，学生可以为自己创设一套独一无二的课程模式，可以选择自己感兴趣的课程，也可以根据自身的学习能力或职业规划进行具体的课程选择，学生的自主性增强了，其可以自由掌控学习内容与学习进度，这在最大限度上满足了学生的个性化需求。除此之外，学生还可以借助慕课平台向教师寻求指导，教师要有耐心地给予解答，与此同时，当发现学生的学习不在状态时，则需要及时提醒学生。

第四，提高学生学习乐趣。传统课堂教学模式以教师为核心，统一的教学内容与进度，往往难以激发学生的学习热情。然而，慕课的出现彻底颠覆了这一局面。它运用多媒体手段，如声音、图像等，将知识生动地展示给学生，使学习过程更为直观，从而有助于提升学生的学习效果。在过去，学生无法自主决定学习的内容和进度，教师是知识的传递者，学生则是被动的接受者。在慕课模式下，学生拥有了更大的自主权，这激发了学生的潜能，使其思维更加活跃。

第五,促进教学手段多元化。在高校教学模式中,不同的教学模式对于教学产生的效果是不一样的。传统的教学模式将教师放在主导地位,因此,学生只是被动地接受知识。为了改变这种教学模式,慕课是一种非常好的方式。慕课本身具有较大的互动性和开放性,这种特性可以使学生和教师之间的交流变得更加方便。在这种新的教学模式的指导下,高校学生的主体地位得到提升,教师在教学中的角色发生极大的改变,成为学生的指导者和教学的设计者,学生成为学习的主人。

(二)慕课教学模式的构建

1.构建慕课联盟平台

慕课作为一种新兴的教学模式,为现代教育体系注入了新的活力与挑战,众多高校已纷纷响应,自主建立了慕课平台,部分课程更是赢得了广泛的关注与认可。在信息技术日新月异的今天,推动更多高校积极参与慕课平台建设,显得尤为迫切。基于合作共赢的理念,高校应依据学校特色、地域分布等因素,携手构建慕课联盟体系,协同开发出高质量的教育资源,此举不仅能够使学生跨越校际界限,接触到更多元化的优质教学内容,还有助于缩减地域性教育差异,促进教育资源的真正流通与共享,进一步推动实现教育公平化。

慕课的本质在于其开放性与共享性,这一特性正是驱动众多高校投身慕课平台建设的原始动力。随着平台的不断增多,各参与方需更加注重核心专业优势及特色课程的展现,通过整合优质师资力量,聚焦课程的精心设计与高质量录制,力求打造一系列精品慕课,并积极促进这些宝贵教育资源的广泛传播。此过程不仅能够有效提升高校自身的教育质量与水平,而且,随着这些精心制作的慕课内容在平台上的共享,高校的学术影响力与社会认知度也将随之增强,为其在教育界赢得更高的声誉与地位,从而在激烈的行业竞争中占据有利位置，共同推动教育事业迈向新的高度。

2.实施开放式课堂教学

对于我国高校教学而言，也可以实施开放式的教学模式，将线上与线下教学结合起来，让传统的课堂获得新的意义，从而实现新式教学与传统教学的互补，提高教学效率。高校开放式课堂是在现有的学校体制下，将慕课平台与课堂教学进行了融合，让学生在原有知识结构的基础上实现了学习方式的创新。高校学生可以在慕课平台上选择合适的学习资源进行自学，将理论知识巩固好之后完成后续的检测，与此同时，学生可以随时与同伴开展在线交流，并向教师反馈自己的学习状况，在教师的辅助以及引导下，学生就可以完成知识的内化。在慕课视角下，开放式课堂显然能激发出学生学习的主动性，因为在慕课平台上有海量的优秀视频资源可以供他们选择、学习，并且也能培养他们的思辨能力、创新精神。

（1）开放式课堂教学的作用

第一，有利于实现学习过程的循环。高校传统的教学模式似乎存在某种不合理性，并且容易浪费教师以及学生的时间，学生如果在课后写作业的时候遇到一些疑难问题，就会感到措手不及。在开放式教学模式下，高校教学的场所更为多元化，学习过程与以往相比也有了很大的变化，一些理论知识等方面的内容可以放到课后让学生自己去消化，在课堂上，师生能有更多的时间进行知识的探究，如果遇到问题，就可以得到及时解决。

第二，高校开放式课堂教学营造了更和谐的师生关系。学生在线上进行学习的时候，如果遇到疑难问题就可以在讨论区与同学或者教师讨论，这样能使疑难问题得到解决。同时，由于慕课资源是比较开放的，学生可以将不同的学习体验告诉教师，这样也能促使教师进行课程教学的优化，从而利于慕课平台的发展。

学生在线下学习的时候，教师就可以将所学的知识进行搜集整理，并且提前构建课堂情境，尽量为学生提供一种比较舒适的交流氛围，这样就能让不同学生的思维得到碰撞。相较于传统课堂而言,学生有了更多的机会与教师进行交流,在开放式课堂下,学生有了更多平等交流的机会,这样也有利于形成和谐的师生关系。

(2)开放式课堂教学的类型

可以把传统的高校课堂看作“线下”教学,将基于慕课平台开展的教学看作“线上”教学,这两者共同构成了开放式课堂,从本质上而言,开放式的课堂就是传统教学与慕课平台的有机结合。

第一,线上教学。在高校慕课平台上,学生可以自主选择课程进行自学,他们的学习过程可以简单概括为四部分:观看视频、完成练习、在线交流、信息反馈。慕课平台的意义可以得到延展,不仅仅涵盖传统意义上的慕课平台,还可以包括各学校自主搭建的慕课平台,研发的各类网络资源学习平台也扩大了慕课平台的范围。除此之外,学生应该认真对待慕课平台的学习,不应将其仅仅看作预习环节,这与翻转课堂课前观看视频是截然不同的,在慕课平台上,学生应该集中精力将涉及的知识点进行全部内化。

第二,线下教学。在线下教学中,高校学生是带着“准备”去上课的,教师也是带着“准备”去授课的,这种目的明确的教学显然具有很好的教学效果。学生的“准备”涵盖两方面的内容:①学生对课堂要点已经进行了深入学习,是带着对知识的理解来上课的;②在学习的过程中,学生有了一些收获,同时也会有一些疑惑,这些成果与疑惑都是“准备”的内容。

(3)采用多元化评价体系

高校课堂教学也需要有合适的教学方法与之相匹配,通过对教学质量进行评价,可以促进教学向着更为高效的方向发展。与高校传统的课堂相比,开放课堂有了更为多样化的选择,因此,在进行评价的时候也应该选择多样化的评价体系。

第一,教师教学评价。与高校传统课堂相比,开放式课堂教学的评价主体更加多元化了,因为课程是开放的,所以只要是学习课程的人都可以对课程进行评价。①教师可以从注册人数上看到学生对课程的认可程度,如果注册的人数很多,那么显然有更多的人喜欢这个课程;②学生应该按照教学的进度在一定的时间段内完成调查问卷,这样就可以反映出教师的教学状况;③慕课拥有讨论区,这样教师也可以从讨论区中看到学生的评论。

第二,学生学习评价。在传统的高校课堂教学中,纸笔考试是评价学生最为合理有效的方法,多样化课堂教学的开展也为评价提供了更多可能,这显然有利于形成性评价的开展。通过分析现行的慕课平台,对学生的考核主要是通过线上与线下两方面实现的。在线上,通过测评其客观题的答题情况查看学生知识的掌握情况;在线下,还是通过安排统一考试的方式,以教师评价以及学生自评的方式开展。对于不同部分评价在总评价中所占的比例,可以由教师决定。

(4)构建三元策应的主要机制

第一,学校层面的机制构建。其一,制定慕课联盟平台建立制度:慕课联盟平台的建立与运行需要各高校之间加强紧密合作,以实现共同利益,该平台的建设对多个高校具有普遍益处。对于高校而言,必须采取必要的措施对慕课联盟平台进行有效管理和规范,以协同解决常见问题,并在宏观层面监督慕课联盟平台的运行。其二,制定学分互认互换细则:慕课是一种开放式的课堂形式,因而其可以在一定程度上实现学分的互认互换,这就需要学校层面的有关部门根据实际的情况制定详细的操作细则,从而确定具体的学分互认互换策略。其三,关注传达动态信息,统筹管理:在教学中,慕课为学生提供了一种开放式的学习课堂,这种教学模式对我国传统的教学模式产生了一定的冲击,这也促使教师要开始转变自己的教学方式,从而拓宽自己的教学思路。

第二,教师层面的机制构建。其一,积极转变教育观念:慕课作为一种先进的教学理念与模式,对中国传统教育产生了深远影响。因此,从高校教师的视角出发,有必要进行相应的调整与变革。教师应致力于更新教育观念,即在教学过程中转变自身角色,以科学、客观的态度审视慕课,进而强化自身学习,确立正确的教育理念。其二,掌握信息技术手段:很多高校都尝试着把先进的现代教育技术引入教学中，这就提出了较高的要求，它要求教师一定要学习和掌握一定的信息技术手段，这样他们才能够在教学实践中得心应手地运用这些教育技术。慕课就是一种先进的现代教育技术，它的本质就是一种大规模开放性的课程，它的运用离不开计算机，因而高校教师一定要学习和掌握计算机的基本操作，掌握一定的信息技术理论和实践知识，从而更好地指导学生的学习活动。其三，提升教育教学能力：虽然慕课是一种开放式的课堂，然而教师在慕课教学中依然发挥着重要的作用。需要强调的是，在慕课教学中，高校教师对学生的学习起到引导和帮助的作用，这就更需要教师不断提升自身的教育教学能力，这样教师才能够更好地指导学生开展自主学习，为学生提供更加优质的慕课资源，并教会学生利用慕课开展自主性学习。其四，准确定位自身角色：在慕课这种开放式的教学中，高校教师一定要明确自身的角色定位，这样才能更好地指导学生的学习，即教师是一种引导者和合作者的角色。对于教师而言，他们不仅在教学的过程中运用慕课，也很有可能会参与慕课制作，因而教师的角色会是合作者的角色。在慕课教学中，教师的地位提升了，教师的工作也变得更加多样化，具体表现在：①学生自主地利用慕课开展学习活动需要教师的及时指导；②教师需要根据学生的自主学习情况进行总结，并根据学生的学习情况创设一定的学习情境和探究性的活动等；③不同的学生学习水平有差异，教师要给予不同的指导；④当学生已经学习完相关的慕课课程之后，教师需要对各项知识点统一进行梳理并使学生在头脑中形成知识体系。由此可见，在慕课教学中，教师发挥着不可替代的作用，教师是课堂的主导，学生是学习的主体。

第三，学生层面的机制构建。其一，提高资源选择的能力：对学生而言，通过开放式慕课课程，不仅使他们得以接触优质的教学资源，更有助于他们培养一定的自主学习能力。从理论层面审视，慕课能为学生的学习提供丰富多样的优质资源，从而赋予他们较大的选择余地。高校学生在选择教学资源的过程中需要教师的耐心指导，这个过程也能够逐渐提升学生的资源选择能力。其二,领会自主学习方法:在开放式的慕课教学中,学生需要根据自己的学习需求选择适合自己的学习内容和方法等,这能够提升学生的自主学习能力。其三,把握慕课课堂与高校传统课堂的关系:目前,慕课教育对我国的高校改革产生了比较深远的积极影响,慕课已经被广泛应用到我国很多学习领域。由于各种实际因素的限制,慕课的应用范围会受到一些限制,因而在教学中,传统的课堂教学还是占据着重要的地位。慕课课堂和传统课堂之间的关系就是一种互相补充的关系,教师在教学实践中一定要处理好两者之间的关系,这样才能够提升学生的学习效率,并激发学生的学习兴趣。

第四节 高校VR课堂教学模式

一、VR课堂教学模式的应用

(一)课堂教学中VR技术的应用

随着信息技术的飞速发展,多媒体教学虽已广泛普及,但其二维图像展示方式在吸引力与沉浸感方面存在局限。相比而言,虚拟现实(VR)技术的引入,为课堂教学带来了革命性的变革。VR技术能够实现现实世界的多维度、高保真信息化再现,极大地丰富了教学内容的表现形式,这种技术的创新应用,不仅能够有效吸引学生的注意力,提升其学习热情,还能通过构建高度仿真的学习环境,深化学生对复杂知识的理解与掌握。在建筑学等领域的教学中,VR技术能够轻松创建三维建筑模型,教师可根据教学需求灵活调整模型参数,使学生在虚拟空间中获得近似实地考察的体验,从而显著增强教学效果。

在技能训练层面,VR技术的交互性与沉浸性特征展现出了巨大潜力。它为学生提供了一个安全、可重复的练习环境,使技能训练不再受限于实体资源或风险考量。医学教育中的手术模拟便是典型例证,学生能够在虚拟环境中反复操作,直至熟练掌握手术技巧,既保证了教学效果,又降低了实际操作中的风险。此外,VR技术在探索学习方面的应用同样值得瞩目。它打破了传统实践教学的物质限制与维护成本,为学生提供了一个随时可用、高度自由的实践平台。在这一平台上,学生可以自由提出假设,并通过虚拟实验进行验证,从而在实践中锻炼问题解决能力,激发学术探索精神。无论是电子电气领域的电路设计,还是环境科学中的温室效应模拟,VR技术都使得复杂的实验过程变得简便易行,极大地促进了学生的自主学习与科研创新。综上所述,VR技术与高校课堂教学的深度融合,不仅提升了教学效率与质量,更为学生提供了前所未有的学习体验与探索空间,对推动高等教育的发展具有深远意义。

(二)实验教学中VR技术的应用

1.坚持厚植基础:深化虚拟仿真实验教学改革

高校作为教育与科研的前沿阵地,是VR技术应用的重要领域。近年来,我国已在全国范围内建立了众多国家级和省级虚拟仿真实验教学中心,这些中心的建设不仅丰富了实验教学资源,也为VR技术的深入应用提供了坚实的平台。基于这一基础,高校应继续深化虚拟仿真实验教学改革,以问题为导向,以目标为引领,不断创新虚拟仿真实验项目。具体而言,高校应结合自身专业特色和实验教学需求,开发具有针对性、实用性和前瞻性的虚拟仿真实验项目,确保这些项目既能够反映学科前沿,又能够贴近生产实际,从而有效提升学生的实验技能和创新能力。

2.促进优势共享:构建在线开放虚拟仿真实验平台

为了进一步扩大虚拟仿真实验教学的受益范围,高校应积极构建在线开放虚拟仿真实验平台,这一平台的建立,不仅能够实现优质实验教学资源的跨地域、跨时空共享,还能够促进不同高校之间的交流与合作,形成优势互补、协同发展的良好局面。在平台建设过程中,高校应注重顶层设计,明确平台的目标定位、功能布局和运营模式,确保平台的科学性、实用性和可持续性。

同时,平台的建设还应遵循开放、共享、合作、共赢的原则。高校应鼓励教师和学生积极参与平台的建设和使用,通过上传优质实验资源、分享教学经验、参与在线讨论等方式,共同丰富平台内容,提升平台活力。此外,高校还应加强与行业、企业的合作,引入外部资源和技术力量,共同推动平台的创新发展。通过构建在线开放虚拟仿真实验平台,高校可以打破地域限制,实现实验教学资源的最大化利用,为更多学生提供高质量的实验教学服务。

3.积极主动介入:引领VR产业发展方向

高校作为VR技术研发和应用的重要力量,应积极主动介入VR产业的发展。从供给侧来看,高校可以依托自身的科研优势和人才储备,为VR技术的发展提供技术支撑和人才保障。通过参与VR技术的研发和创新,高校可以推动VR技术的不断进步和完善,为实验教学提供更加先进、更加高效的工具。同时,高校还可以通过将虚拟仿真教学内容在更大范围内推广和应用,促进"VR+"相关产业的发展,形成产学研用一体化的良性循环。

从需求侧来看,高校作为"VR+"教育的具体应用方,其对VR技术的需求将直接引导VR产业的发展方向。因此,高校应密切关注VR技术的发展动态和应用趋势,结合实验教学的实际需求,提出具有前瞻性和针对性的需求建议。通过加强与VR产业界的沟通与合作,高校可以推动VR技术更加精准地服务于实验教学,提升教学效果和效率。从长远来看,VR技术的崛起及其在教育领域的应用将对高校的教学模式产生深远影响。高校实验教学研究与改革人员应从提升人才培养质量的战略高度出发,积极拥抱新技术、新变革,不断探索VR技术与实验教学深度融合的新路径、新模式。通过加强基础研究、推动技术创新、优化资源配置、促进产业融合等方式,高校可以引领VR技术在教育领域的健康发展,为培养具有国际竞争力的高素质人才贡献力量。

二、VR课堂教学模式的改革

(一)AR技术对高等教育教学模式变革的深远影响

增强现实(AR)技术,作为信息技术的前沿成果,正逐步渗透并深刻改变着高等教育的教学范式。AR技术通过精密的算法,将计算机生成的虚拟信息无缝融入现实世界,实现真实与虚拟的即时交融,为学生提供了一种超越传统视觉界限的全新体验,这种技术不仅增强了现实环境的感知维度,更是在不取代现实的基础上,极大地丰富了学习内容的呈现方式,从而有效提升了教育的吸引力和实效性。

在教育领域,AR技术的应用显著增强了学生的注意力集中度和学习兴趣,其通过构建高度互动的学习环境,促进了师生间的深度交流,拓宽了学习的广度。尤为重要的是,AR/VR技术所创设的探究与体验情境,成功地将学生由被动接受知识的角色转变为积极探究、亲身体验知识的主体,这一转变不仅提升了学习效率,还培养了学生的自主学习能力和探究精神,成为推动高等教育教学模式改革的重要力量。随着信息技术的不断演进,从传统的讲授式教学到图文并茂的多媒体教学,再到如今以AR/VR为代表的沉浸式可视化教学,教育技术的革新无疑为高等教育的教学质量和效率带来了前所未有的提升,指明了教学改革的新路径。

(二)AR技术对高校课堂教学模式的具体改革内容

1.教育教学理念的重塑

传统教学理念侧重于知识的灌输与传授,而AR技术则倡导通过模拟真实或近乎真实的情境,让学生在互动体验中自行发现、构建知识,体现了情境认知理论的精髓,这种从“教知识”到“体验知识”的转变,不仅激发了学生的学习热情,还促进了知识理解的深化,实现了学习方式的根本性变革。

2.教学目标的调整

AR技术的应用,使得教学目标从单纯的知识传授转变为通过体验式学习激发学生对知识的探索欲望，加深对知识内涵的理解，进而提升教学效果。在这一模式下，学生不再仅仅是知识的接受者，而是成为知识探索的积极参与者，教学目标更加侧重于培养学生的自主学习能力和深度理解能力。

3.师生角色的反转

AR技术引入课堂后，传统的以教师为中心的教学模式被打破，取而代之的是以学生为中心、教师为引导的新型关系。教师可以根据学生的学习特点和需求，设计个性化的教学内容和互动环节，鼓励学生主动探索、合作学习，这种角色的转变极大地增强了学生的学习主动性和参与度。

4.操作流程的重构

AR模式下的课堂教学，其操作流程更加灵活多变，强调师生互动和生生互动，教学任务的完成往往依赖于学生的积极参与和合作。相较于传统课堂的线性流程，AR课堂更加注重教学的动态生成性，根据学生的即时反馈调整教学节奏和内容，实现了操作流程的优化与创新。

5.教学策略的创新

AR技术的融入，促使教学策略从单一的知识讲授向多元化、个性化方向发展。教师可以利用AR技术设计丰富多样的教学活动，如模拟实验、角色扮演等，以适应不同学生的学习风格和需求。同时，教学策略的制定更加注重学生的主体性和创造性，鼓励学生通过探索和实践来掌握知识。

6.评价机制的变革

AR技术为教学评价提供了新的工具和方法。通过AR系统，教师可以实时跟踪学生的学习进度和交互行为，实现对学生学习效果的即时反馈和个性化评价，这种评价方式不仅提高了评价的准确性和效率，还促进了学生自我反思和调节能力的提升。同时，学生也能通过AR平台对教师的教学效果进行即时反馈，为教学改进提供了宝贵的参考信息。

第四章 高校教学评价信息化

第一节 高校教学质量评价信息化平台

一、高校教学质量评价信息化的要求

(一)动态性与即时性的数据追踪机制

在高等教育的复杂生态系统中,课堂教学质量是一个多维度、动态发展的概念,它在教学活动的持续进行中逐渐成形,并展现出鲜明的动态性、发展性和过程性特征。鉴于此,教学质量评价工作必须全面覆盖教学活动的每一个环节,以捕捉其全貌。当前,教育领域的数字化转型为此提供了前所未有的技术赋能与数据资源。具体而言,通过精心构建教学质量评价信息化平台,可以实现对教学过程数据与评价数据的全方位、即时性采集,这一机制不仅使教师能够敏锐地捕捉到学生学习状态的微妙变化,还能促使他们依据这些实时数据灵活调整教学策略与内容,从而最大化地优化学生的学习效果,为高校的人才培养质量注入新的活力。

(二)多元化与差异化的质量评价体系

教学活动本质上是一项复杂且多变的系统工程,其服务对象——学生,作为具有独特个性与需求的个体,进一步增加了评价的复杂性。因此,传统的、单一维度的、过度标准化的教学质量评价方式,难以全面、准确地反映课堂教学的真实效果与多样性。建构主义评价理论强调,教学质量评价应聚焦于教学过程中价值的多元性与情境的复杂性,倡导采用多维分类的评价

策略，以更科学、更有效地评估教学效果。在此背景下，教学质量评价信息化平台的搭建，应当致力于提供一套灵活、可扩展的技术框架，以支撑多元化与差异化评价体系的构建，确保评价结果的全面性与准确性。

（三）移动化与智能化应用平台的开发

随着教育数字化转型的深入，数字校园建设日益完善，师生的数字素养与信息技术应用能力显著提升，对便捷、高效的数字化教学辅助工具的需求愈发迫切。在此背景下，教学质量评价信息化平台的建设，必须充分考虑移动化、智能化的趋势，积极开发适用于手机等便携设备的应用软件，这一举措不仅能够极大地提升评价工作的便捷性，还能促进评价活动的即时性与互动性。例如，学生可以在课后利用手机端轻松完成对本节课堂教学的评价，及时反馈学习体验与意见；教师则能迅速获取评价结果，据此对课程安排进行调整，从而有效提升课堂教学的针对性与实效性。

教学质量评价信息化平台的移动化应用，意味着评价数据的收集与分析将不再受时间与空间的限制，为教育管理者提供了更为丰富、实时的决策支持。通过大数据分析与人工智能技术，平台能够自动识别教学过程中的亮点与不足，为教学质量的持续改进提供科学依据。移动化平台还能促进师生之间的有效沟通，增强教学反馈的及时性与有效性，为构建以学生为中心、注重过程评价的新型教学模式奠定坚实基础。此外，教学质量评价信息化平台的开发与应用，还需注重用户体验与数据安全。平台设计应简洁直观，易于操作，确保师生能够轻松上手；应建立完善的数据保护机制，确保评价数据的隐私性与安全性，为教学质量评价的公正性、客观性提供有力保障。

二、高校教学质量评价信息化平台的设计

（一）总体设计思路

在高等教育领域，教学质量评价信息化平台的设计是一个复杂而关键

的任务，其目标是构建一个基于服务总线架构的系统，通过采用松耦合的设计模式，以确保平台的灵活性、兼容性、安全性以及可扩展性，这一设计理念旨在满足教育数字化转型背景下，对教学质量评价提出的更高要求，实现分类评价、多维评价以及数据统计的数字化、智能化和移动化。

在高校教学质量评价信息化平台的整体架构设计中，数据输入、智能运算与结果输出构成了三条核心主线，它们相互交织，共同支撑起平台的运行。数据输入环节是整个评价过程的基础，平台需要集成包括院校信息、教师信息、学生信息以及课程信息等在内的多种基础数据，这些数据为后续的评价活动提供了必要的支撑和依据。

在数据输入的基础上，高校教学质量评价信息化平台应设计多样化的用户角色，包括教师、学生和督导等，他们各自拥有不同的功能模块，以便根据自身的角色和职责，输入相应的评价数据，这一设计不仅提高了数据的全面性和准确性，还增强了用户参与评价的积极性和便捷性。平台通过优化用户界面和交互设计，降低了用户的学习成本，使得评价过程更加流畅和高效。

智能运算环节是连接数据输入与结果输出的桥梁，高校教学质量评价信息化平台内部嵌入了先进的算法和模型，这些算法和模型能够对输入的评价数据进行深度挖掘和综合分析，从而得出科学、客观的评价结果。在运算过程中，平台充分考虑了数据的多样性和复杂性，通过不断优化算法，提高了评价的准确性和效率。此外，平台还提供了丰富的数据分析工具，帮助用户深入理解评价结果，发现潜在的问题和改进方向。

结果输出环节是整个评价过程的终点，也是用户最关心的部分。高校教学质量评价信息化平台以直观、易读的方式向教师、学生和督导等用户展示评价结果，包括量化评分、评价报告以及改进建议等，这些结果不仅为用户提供了宝贵的反馈，还为他们提供了优化教学实践的依据。平台支持将评价结果即时推送给用户，确保他们能够及时了解到评价情况，并采取相应的改进措施。

需要注意的是，高校教学质量评价信息化平台在设计过程中还充分考虑了移动化的需求。随着移动互联网的普及和智能终端的广泛应用，用户对于移动化、便捷化的需求日益增强。因此，平台提供了移动端的访问方式，使得用户可以随时随地进行评价、查看结果以及进行数据分析等操作，这一设计不仅提高了用户的满意度和便捷性，还进一步推动了教学质量评价的数字化和智能化进程。

（二）数据库设计

在教育信息化浪潮的席卷之下，数据作为新兴的关键资源，其重要性在高校的教学管理和教育实践活动中日益凸显。在此背景下，教学质量评价信息化平台的构建与运行，需要以全面、准确的数据为基础，这些数据涵盖了院系、课程、教师及学生等多个维度，构成了平台运作的基本框架和核心支撑。

1.数据的唯一性

数据的唯一性是确保教学质量评价信息化平台稳定运行的首要条件，在数据库搭建过程中，必须严格保证代码类字段的唯一性。具体而言，无论是院系代码、教学班代码，还是其他任何具有标识性质的代码字段，都应在整个数据库系统中保持唯一性，这一要求的提出，源于数据处理和统计分析的严谨性。若存在重复的代码字段，不仅会导致数据在分类处理时发生混淆，进而影响统计结果的准确性，还会在后续的数据清理工作中增添麻烦，降低整体工作效率。因此，在数据库设计阶段，就需通过合理的编码规则和校验机制，确保代码类字段的唯一性。

2.数据的一致性

数据的一致性是保证教学质量评价信息化平台数据质量的关键所在，在数据库中，许多字段信息会在不同类别或模块中交叉出现，如院系名称、教师名称和学生名称等。对于这些交叉字段，必须保持其信息的一致性，以避免数据冲突和歧义的产生。在实际操作中，这要求我们在数据导入阶段就进行严格的交叉字段信息一致性校验。一旦发现信息不一致的情况，应立即进行订正，确保数据的准确性和可靠性。此外，为了进一步提升数据质量，还可以考虑引入数据清洗和数据治理等先进技术，对数据进行持续的优化和管理。

3.数据的全面性

数据的全面性是提升教学质量评价信息化平台分析能力的重要基础，在教学质量评价过程中，高校需要从多个维度对数据进行分析和挖掘，以获取更加全面、深入的评价结果，这就要求高校在数据库设计时，尽可能确保数据的全面性。具体而言，院系、课程、教师及学生等基本信息应尽可能详尽地录入数据库，为后续的数据分析提供丰富的数据支撑。高校还应考虑数据的动态更新和扩展性，以适应不断变化的教学环境和评价需求。通过构建全面、灵活的数据库系统，可以为教学质量评价提供更加科学、有效的数据支持。

（三）功能设计

1.多维度评价体系的构建

高校教学质量评价信息化平台致力于打造一个包含多角色参与、实施分层管理的教学评价体系。在这一体系中，不仅涵盖了同行间的相互评价、教学督导的专业评价、学生对教师教学效果的反馈评价、随堂即时评价、教师的自我反思性评价以及教师对学生学习态度的评价，还实现了评价主体的多元化，这种设计旨在确保学校管理层、院系负责人及教师能够全面且及时地洞察教学过程中存在的各类问题，进而提升教学评价的科学性与精准度，为教学成效的持续提升奠定坚实基础。

2.灵活多样的分类评价功能

针对不同类型课程的特点，如思政课程的理论深度、外语课程的实践能力培养以及体育课程的体能与技能训练，高校教学质量评价信息化平台提供了分类评价的功能，还支持日常评价、专项评价及问卷调查等多种评价模式，以满足教学质量评价的多样化需求，这种设计确保了评价活动能够精准对接不同课程的教学目标，为教学质量的全面提升提供有力支撑。

3.过程性与结果性评价的融合

高校教学质量评价信息化平台在评价功能的设计上，实现了过程性评价与结果性评价的有机结合。通过随堂评价、期中评价及期末评价（评教）的连续实施，平台能够全面记录并反映教学过程中的动态变化，确保评价结果的全面性和准确性，这种设计有助于管理者和教师更加深入地理解教学过程中的优势与不足，为教学改进提供有力依据。

4.评价指标的个性化定制

为了满足不同课程类型和学科特点的评价需求，高校教学质量评价信息化平台内置了多个评价指标，并允许用户新建个人指标库，以便管理个人常用的评价指标，提供了多个评价表模板，涵盖不同课程类型和学科领域，用户同样可以根据需要新建评价表，这种个性化定制的设计，使得评价活动能够更加贴合实际教学需求，提高评价的针对性和有效性。

5.数据统计与结果的深度应用

高校教学质量评价信息化平台具备强大的数据统计与分析功能，能够对各类评价结果进行深度挖掘与整理，并生成多级分类的统计结果展示。不同角色的用户可以根据自身权限在线查看和导出统计结果。结果反馈形式丰富多样，包括统计数据报表、图形展示及详细报告等。此外，平台还能在首页实时展示全校教学评价的运行情况，为管理者提供直观、全面的教学质量监控视角。

6.增值服务的拓展功能

除了上述核心功能外，高校教学质量评价信息化平台还提供了丰富的增值服务功能。例如，对日常教学进行实时反馈，收集与教学质量评价相关的其他数据；支持课堂考勤、随堂测验及作业批阅等功能，为教学管理提供了极大的便利,这些增值服务的加入,使得平台提升教学质量,进一步优化教学管理流程。

7.系统管理的灵活配置

在系统管理方面,高校教学质量评价信息化平台初步设置了超级管理员、学校领导、校级管理员等不同角色。学校可以根据自身实际情况灵活增减角色权限,并在该模块实现院系、专业、课程信息以及教职工和学生信息的设置与维护,这种灵活配置的设计,确保了平台能够满足不同学校的管理需求,为教学质量的持续提升提供了有力保障。

三、高校教学质量评价信息化平台的运用

(一)任务发布机制

在高校教育管理体系中,教学质量评价信息化平台扮演着至关重要的角色。该平台通过任务发布机制,实现了对不同层级、不同范围教学质量的全面监控与评估。依据评价范围的差异性,平台任务可被细致划分为全校任务、院级任务与班级任务,每一类别均承载着特定的评价目的与功能。

1.全校任务

全校任务作为教学质量评价信息化平台的重头戏,其涵盖范围广泛,涉及督导评价、期末评价及学生评价等多个关键环节。此类任务面向全校师生,旨在从整体上把握教学质量状况,为教学改进提供宏观指导。校级管理员作为任务发布的主体,需精心策划每一环节,确保评价的公正性与有效性。具体而言,全校任务的发布流程严谨而周密,应做到以下方面:首先,明确评价主体,如督导评价中,需细致规划参与评价的督导人员名单,并为其分配相应的权限,以确保评价的顺利进行;其次,被评价对象的选定,如在学生评教环节,需精确设定被评价的课程与教师,以便收集到真实、准确的评价信息;最后,任务的具体设置,包括评价指标的精心设计、评价次数的合理

安排以及评价结果展示方式的优化等，均需经过深思熟虑，以充分反映教学质量的真实面貌。

2.院级任务

相较于全校任务的宏观布局，院级任务更加注重于院系内部教学质量的精细化管理。同行评议、教师评学等类型的评价，均属于院级任务的范畴，此类任务由院系管理员统一发布，旨在通过内部评价，发现教学过程中的亮点与不足，为后续教学改进提供有力支撑。以教师评学为例，院系管理员可组织教师对教学班的学习情况进行全面评价。根据评价结果，院系管理层能够直观地了解到学生的学习状态与教学效果，进而灵活调整后续课程安排，优化其他课程教师的教学方式，以期达到提升教学质量的目的，这一过程中，院级任务的发布机制发挥了至关重要的作用，它确保了评价活动的有序开展，为教学质量的持续改进提供了有力保障。

3.班级任务

班级任务作为教学质量评价体系中的基础环节，随堂评价、教师自评及随堂测验等类型的评价，均属于班级任务的范畴。此类任务由任课老师根据课程教学需要，在课堂上直接发布，旨在实现教学过程的即时反馈与调整。班级任务的发布，不仅有助于教师及时了解本次课堂教学效果及学生总体满意度，还可作为教师自我评价或教学自检的重要依据。通过班级任务的实施，教师能够直观地观察到学生在学习过程中的反应与表现，进而对教学方法与策略进行灵活调整，以期达到最佳的教学效果。班级任务的发布为学生提供了表达意见与建议的渠道，有助于增强学生的参与感与归属感，为构建和谐、积极的课堂氛围奠定基础。

（二）数据报告分析

1.校级概览报告

校级概览报告是整合全校范围内师生评价数据的综合体现，它旨在向学校教学质量管理部门呈现一个宏观的教学质量全貌,这份报告对于识别全校层面上的教学质量优势与短板、分析问题根源以及规划全校性的教学策略改进至关重要。鉴于各高校在教学管理上的侧重点不尽相同,校级报告的具体结构与内容应当具备灵活性,以适配不同学校的实际情况,从而更有效地指导教学管理的精准施策。

2.院级特定报告

院系特定报告侧重于为二级学院的管理者提供关于本学院教学质量的深入洞察。由于学生评教活动通常在院系内部进行,其评价对象和评价主体均为本院系的师生,因此,由学生评教生成的数据更能真实反映学院的教学状况,这一报告对于二级学院管理者而言,是制定教学改进计划、明确发展方向的重要参考,它要求管理者不仅要关注评价结果的量化指标,还要深入分析评价背后的深层次原因,如课程设置、教学方法、师生关系等因素,以期实现教学质量的全面提升。

3.个人评估报告

在个人层面,教学评估报告主要聚焦于教师的个人教学表现。通过多维度、多层次的数据分析,该报告能够为每位教师提供一份全面、细致且准确的自我画像,这不仅有助于教师清晰地认识到自身在教学中的优势与不足,还能为其制定个性化的成长计划提供科学依据。个人报告的形式可灵活多样,既可以是综合多个评价维度的综合性报告,也可以是针对某一特定评价类型(如督导评价、学生评价等)的专项报告,这种精细化的反馈机制能够激励教师不断探索新的教学方法,优化教学内容,从而提升个人教学能力,促进整体教学质量的进步。

值得注意的是,在构建个人评估分析体系时,必须确保数据的准确性、完整性和时效性,尊重并保护个人隐私。此外,数据分析的结果应被视作一种辅助决策的工具,而非绝对的标准,其解释与应用需结合教育教学的实际情况,避免机械化地套用分析结果。

（三）平台结果应用

1.校级管理

学生评价的校级汇总报告，为高校管理层提供了总览课堂教学全貌的窗口，有助于学校根据各学院、专业及教师的得分排名，实施针对性的课堂管理策略与教学改革措施。首先，校级报告概览了本次评价的总体情况，包括课程覆盖的广泛性、教师参与的全面性，以及全校范围内的得分概况，从而全面把握学校课堂教学的现状；其次，通过对数据的深度剖析，学校能够提炼出排名前列的院系、专业及教师的优秀实践，作为典范加以推广，对排名靠后的院系给予特别关注，探讨其课堂教学质量提升的路径；最后，校级管理层还致力于分析课堂教学的影响因素，通过对比不同课程类型、班级规模、教师年龄结构与职称层次的得分差异，深入挖掘影响学生评教结果的多元因素，为制定更为科学合理的教育政策提供数据支撑。

2.院级组织

在二级学院层面，学生评价结果成为学院评估课堂教学质量、落实“以学生为中心”教学理念的重要依据。首先，学院通过分析学生的参评率与评教覆盖情况，可以直观感知学生参与教学改进的积极性，以及学院对评价工作部署的合理性，高参评率与广泛的覆盖度标志着学院在推动教学质量提升方面的努力得到了学生的积极响应；其次，学院通过细致的数据分析，能够迅速识别出本院在教学中存在的问题与短板，如特定课程或教师的教学效果不佳等，为后续的教学改进提供了明确的方向；最后，学院高度重视学生的意见反馈，通过对评价中收集的学生意见进行整理与分析，及时发现并解决教学中的实际问题，不断提升教学质量与学生满意度。

3.教师个体

对于教师而言，教学质量评价信息化平台生成的个性化报告，成为其进行教学反思、优化教学策略、提升教学能力的宝贵资源。首先,教师通过查阅个人得分情况,能够清晰地了解到自己在不同学期、不同课程中的教学表现,以及在校内、院系内的综合排名,从而对自身的教学能力形成更为客观、科学的认知;其次,通过对各门课程得分的细致分析,教师可以精准地定位到不同课程教学中的问题所在,如课程内容设置不合理、教学方法单一等,进而有针对性地调整教学内容与形式,提升教学的有效性与吸引力;最后,教师密切关注学生的反馈情况,评价结果中蕴含的学生意见与建议,为教师提供了深入了解学生学习感受、判断学生学习效果的直接途径,有助于教师更加全面、深入地理解学生的学习需求,进而采取更加有效的教学策略,促进学生学习效果的最大化。

总而言之,教学质量评价作为教学过程中不可或缺的环节,是优化教学方法、改进教学管理以及提升课堂教学质量的关键所在。随着教育数字化转型和教育治理现代化的快速发展,建设教学质量评价信息化平台是大势所趋。通过构建信息化平台、开展多维分类评价、建立评价数据库并依托大数据技术进行结果分析,可以实现对高校日常教学质量的全面和及时监测,提高评价工作效率,并为评价结果的应用提供支持。因此,各高校必须重视教学质量评价工作的信息化建设,以平台建设为重点,积极探索智能技术和大数据在教学质量评价中的应用,构建科学合理的教学质量评价机制,完善教学管理体系,推进教育治理现代化,提升人才培养质量,实现高质量发展。

第二节 信息化平台下的高校教学质量评价

一、信息化平台下的高校教学质量评价原则

(一)教学质量评价的全局性原则

在信息化平台下的高校教学质量评价中,全局性原则要求评价者以系统论的视角,全面审视学校内部各教育要素之间的内在关系与综合性能,避

免以偏概全,确保评价的全面性和客观性。具体而言,全局性原则强调在评价过程中,不仅要关注某一层面的优势,更要看到其可能存在的缺陷,不可因某一方面的突出表现而忽略其他方面的不足。高校在教学质量评价工作中,应合理设置权重,以体现不同要素的重要性。评价指标的制定也应从全局出发,综合考虑影响教学质量的各项要素及其内在关联,明确主要矛盾,展开系统性与全面性评价。在信息化平台的支持下,高校可以更加便捷地收集和处理大量数据,为全局性评价提供了有力支撑。通过数据分析和挖掘,评价者能够更深入地了解教学质量的整体状况,发现潜在的问题和改进方向,为教学质量的持续提升提供科学依据。

(二)教学质量评价的方向性原则

方向性原则是信息化平台下高校教学质量评价工作的核心宗旨,这一原则要求评价工作以提升信息化教育质量为核心,将高素质、高质量人才的培育作为根本目标,推动学校各学科信息化教育质量与能力的提升。在方向性原则的指导下,教学质量评价工作应紧密围绕信息化教育相关政策及国家教育方针展开,确保评价工作始终坚定正确的发展方向。评价工作还应充分考虑社会各领域对人才的多元化需求,以市场需求为导向,推动学校教育信息化向更高水平发展。

具体而言,方向性原则体现在以下方面:一方面,教育质量评价指标应契合现阶段高校教育信息化的发展态势,明确全方位、和谐、健康发展的育人目标,这要求评价指标不仅要反映教学质量的现状,还要能够预测和引领未来的发展方向。另一方面,教学质量评价工作应呈现出个性化发展与全面化发展相结合的人才观。在重视推动学生个体全方位成长、发展的基础上,尊重学生个体的个性化差异,鼓励学生在不同领域、不同方向上展现自己的特长和优势。通过方向性原则的引导,高校教学质量评价工作能够更加精准地定位学校的发展目标,为教学质量的持续提升提供明确的方向和动力。

(三)教学质量评价的科学性原则

科学性原则是信息化平台下高校教学质量评价工作的基石,这一原则要求评价工作具备较高的效度和可信度,以科学性视角为基准,通过科学化的评价手段与指导思想,有效开展信息化教育质量评价工作。在科学性原则的指导下,高校必须将科学性教育理论及教育思想作为指导思想,高度契合当下信息化教育的特征及客观规律,这意味着评价工作不仅要遵循教育学的基本原理和方法,还要结合信息化教育的特点,创新评价手段和方法,确保评价结果的准确性和可靠性。

具体而言,科学性原则体现在以下方面:①评价指标的制定应基于科学的教育理论和教育思想,确保评价内容的合理性和有效性;②评价方法的选择应符合信息化教育的特点,如采用大数据分析、人工智能等技术手段,提高评价的精准度和效率;③评价过程的实施应严谨规范,确保评价工作的公正性和客观性。此外,科学性原则还要求评价工作应具有前瞻性和创新性。随着信息化教育的不断发展,新的教育理念、教学模式和技术手段不断涌现。因此,评价工作应紧跟时代步伐,不断更新评价理念和方法,以适应信息化教育发展的新要求。

二、信息化平台下的高校教学质量评价策略

(一)构建科学的教学质量评价指标

在以往的教学质量评价体系中,评价工作主要聚焦于教师的具体教学层面,如教学计划的执行、教学内容的传授等。随着教育理念的转变,学校及教师逐渐认识到,大学生作为教育和学习的主体,其在学习活动中所获得的知识与技能的应用,才是教育质量评价的主要落脚点,这一转变促使成果导向教育(Outcome-Based Education,OBE)理念逐渐被引入教育教学全过程。OBE理念强调以学生为中心,关注学生的学习成果和能力的提升,这与

传统的教学质量评价理念形成了鲜明的对比。在OBE理念的指导下,学校对于教育质量的全面评价,不再仅仅局限于教师的课堂教育内容、教育手段等方面,而是更加注重教师在学生群体学习活动中所提供的支持和引导,以及大学生对知识习得的参与程度和主动性。借助课程知识的学习,大学生各项能力的提升程度也成为评价教育质量的重要指标,这一转变不仅体现了以学生为中心的教育理念,也更加注重了教育的实际效果和学生的学习体验。

授课教师对于各学科课程的教学设计、对于学生群体知识能力与综合素质的培育,以及对创新性教育方法的运用等,成为教育质量评价工作的重要方面,这些指标不仅反映了教师的教学能力和专业素养,也体现了教师对于教育改革的积极态度和创新精神。在构建科学的教学质量评价指标时,针对不同种类的课程教学,应以其特征及人才培育目标为基准。例如,对于理工科课程,可以重点关注学生的实验操作能力、问题解决能力和创新思维的培养;对于文科课程,则可以更加注重学生的文化素养、批判性思维和沟通能力的提升。通过针对不同课程的教学特点和人才培育目标,制定合理的教学质量评价指标,可以为课程教学提供明确的导向和有力的支持。

(二)形成大数据教学质量分析平台

随着信息技术的蓬勃发展,其在高校教学管理领域的渗透日益加深,为教学质量管理的革新提供了强大的技术支持。面对教学质量管理工作中累积的海量历史数据,高校依托云计算与信息共享的理念,采用先进的技术手段,实现了数据的有效分类、存储与应用,极大地提升了信息资源的利用效率,并确保了数据的安全性与完整性。

信息共享平台的构建与完善,对于提升教学质量评价的精准度与时效性具有重要意义,它打破了信息孤岛,避免了因数据不对称或片面性而导致的评价失真问题。在高校中,随着线上教育服务与资源共享平台的搭建,教师能够便捷地获取课堂教学及学习行为的实时数据,实现了从课堂到课外的全方位、全过程管理,这一转变不仅减轻了教师的工作负担,提高了教学效率,还促进了师生之间的交流与互动,为教育质量评价工作提供了更为丰富、真实的依据。

在此基础上,高校进一步强化了数据分析功能与平台的建设。通过构建多维度、多层次的数据分析体系,高校能够基于年级、学院、专业乃至课程等多个视角,进行横向比较与分析。结合历史数据,高校还能开展纵向发展分析,揭示教学质量的变化趋势与潜在规律。为了更加直观、形象地展示分析结果,高校还采用了图形化的呈现方式,如折线图、柱状图、饼图等,使得分析结果一目了然,便于教师直观理解并据此调整教学策略,提升个人的教育教学能力。值得注意的是,在构建大数据教学质量分析平台的过程中,高校还需注重数据的真实性与可靠性。数据的采集、处理与分析应遵循科学严谨的方法论,确保评价结果的客观性与公正性。此外,平台的建设还应充分考虑教师的实际需求与反馈,不断优化用户体验,提升平台的易用性与实用性。

(三)完善教学质量评价过程的设计

在高校教学质量评价框架内,其核心目标聚焦于促进教师的教育能力的持续提升,确保学生在专业知识与技能上获得实质性增长。鉴于此,教学质量评价体系的科学构建显得尤为重要。该体系需综合考量专家评审、教师自我反思、随堂即时反馈、同行互评以及期中与期末综合评定等多个维度,实现结果性评价与过程性评价的深度融合,以此提升教学评价工作的时效性与精准度。通过这一综合评价体系,教师能够深刻洞察教育过程中存在的具体问题,进而采取针对性的改进措施,真正发挥教学评价在驱动教育改革中的积极作用。

在高校教学中,教师若要全面把握学生的实际需求,并准确评估个体的教育现状,就必须深入理解并尊重学生的个性化发展需求,这一认知的转变,将促使教师调整其教育观念与教学方法,更加科学合理地配置教育资源,从而有效提升个体的教育水平及职业素养。为了实现这一目标,教学质量评价工作的顺利进行至关重要。在此背景下,信息化评价体系的引入与完善成为一种必然趋势。特别是移动端技术的普及与应用,为教育质量评价工作带来了前所未有的便捷性。通过移动端或PC端,受众可以灵活、高效地参与调查、评价结果检索等关键环节,这不仅极大地拓宽了教育质量评价的覆盖面,使其能够贯穿教育活动的始终,而且有效减轻了管理工作者的负担,提高了工作效率。

第三节 高校教学督导评价信息化的实践

一、高校教学督导评价的内容与目标

(一)教学督导评价的内容

高校教学督导评价作为一项系统性工程,旨在通过定期评估与持续监督,确保教学标准得以坚守,教学质量稳步提升并维持稳定状态,这一过程不仅聚焦于教师教学行为与课堂呈现的细致考察,还广泛涵盖了教学管理流程、教学资源的优化配置、教学内容的时效性与深度,以及学生学习成效的全方位评价,展现出全面性、广泛覆盖性及深度剖析的显著特征。值得注意的是,教学督导评价并非一成不变的僵化机制,而是一个充满活力、持续演进的动态过程,它囊括了观察、反馈及后续改进等多个相互关联的环节,要求教学督导专家、教育管理人员、学生群体及教师队伍的全方位参与,共同推动教育质量的螺旋式上升。通过深入的理论探讨与实践观察,可以清晰地勾勒出教学督导评价所涵盖的核心内容框架,具体包括以下方面。

第一,课堂教学监督,这一环节涉及定期深入课堂,对教师的教学方法、授课内容的合理性、课堂互动的有效性及教学效果进行细致评估;严格检查教师对教学大纲与课程计划的遵循程度,以及学生在课堂上的参与度与表现,以此作为衡量教学质量的重要参考。

第二,教学方法与手段的革新,着重评估教师是否勇于尝试并有效运用创新的教学方法与手段,如多媒体教学、在线教育资源等现代教育技术的融合应用,以期提升教学的趣味性与实效性。

第三,教学质量与成效的评估,通过对学生成绩、课程作业、实践项目等学习成果的深入分析,教师得以直观了解教学效果的优劣;对教学内容的深度与广度进行考量,以及其与学科前沿动态的契合程度,也是评估教学质量不可或缺的环节。

第四,教学管理与制度的评估,这一环节主要聚焦于教学计划的制定与实施情况,以及教学资源的合理分配与利用效率,旨在从制度层面保障教学质量的稳步提升。

第五,教师专业发展支持,强调对教师教学能力与职业发展的持续关怀。通过提供针对性的支持与建议,以及搭建教师间经验交流与共享的平台,我们旨在激发教师队伍的活力与创造力,共同推动教育事业的繁荣发展。

(二)教学督导评价的目标

1.教学质量优化

高校教学督导评价的首要目标在于通过构建科学的督导标准体系,为教学活动设立高标准、严要求的标杆,这一过程不仅涉及对教学活动的直接监督与指导,更在于通过促进专业发展与师资培训活动的深入实施,激发教师群体的教学创新活力。定期的教学反馈机制,为教师提供了自我审视与改进的空间,促使他们在教学方法、课程设计等方面不断探索与革新,从而确保教学活动始终保持在高质量、高水平的轨道上运行。

2.教师专业成长

教学督导评价工作重视教师的职业发展与个人成长,通过组织专业研讨、学术交流等多样化的专业发展机会,教师得以拓宽视野,深化专业知识,提升教学技能。此外,设立教师支持中心,提供全方位的职业指导、心理支持与教学咨询服务,不仅增强了教师的职业认同感与归属感,还激发了他们在教学实践中的积极性与创造力,进一步提升了教学动力与职业满意度。

3.学生学习成效增强

教学督导评价密切关注学生的学习体验与成效,通过定期收集学生对教学与课程的反馈意见,高校能够准确把握学生的学习需求与挑战,为教学改进提供宝贵的参考。在此基础上,督导教师能够针对性地调整教学策略,优化教学内容与方法,从而为学生创造一个更加优质、高效的学习环境,这一过程不仅有助于提升学生的学习满意度与成就感,更为其未来的学术发展与职业成长奠定了坚实的基础。

4.教学管理效能升级

教学督导评价工作对于提升教学管理效能具有重要意义,通过对课程设置与教学计划的持续优化,高校能够确保教学资源的合理分配与高效利用,加强课程质量的监控与评估,确保教学内容始终紧跟时代步伐,保持其相关性与时效性,这一过程不仅有助于提升教学管理的规范化与科学化水平,更为高校教育质量的全面提升提供了有力的支撑与保障。

二、高校教学督导评价信息化的价值意蕴

(一)助力教学督导评价工作效率的飞跃

高校教学督导评价信息化的首要价值在于显著提升督导工作的效率与质量,这一转变的核心在于自动化数据收集与管理机制的引入。通过运用先进的自动化工具,如智能数据抓取软件、在线问卷系统等,能够大幅度减少人工数据收集与录入的时间成本,降低因人为操作失误导致的数据错误率,确保数据的准确性和可靠性。此外,这些工具还能实现对教学互动的实时监控与跟踪,确保数据的时效性和完整性,为后续的督导评价提供坚实的数据支撑。

在集中管理方面，教学督导信息系统的应用使得督导评价人员能够依托一个统一的数据管理平台，实现对各类督导数据与评价信息的统筹管理，这一平台不仅提升了工作流程的规范性与透明度，还确保了督导员、教学管理者、师生群体能够便捷地参与到教学督导评价的过程中，从而增强了督导评价工作的精准性和参与度。更重要的是，通过信息系统的及时反馈机制，督导团队能够迅速获取评价信息，做出快速响应和决策，进而持续调整教学策略和方法，以满足学生日益多样化、个性化的学习需求。

（二）加速督导评价信息的处理及其利用

教学督导评价信息化的价值在于显著提升评价信息的处理速度与质量，使教学督导能够更全面、深入地渗透高校教育教学的各个环节中。在数据处理与分析方面，信息化系统的支持使得教学督导员能够迅速整合来自不同渠道的学生反馈、教师评估、课程成绩等数据，通过先进的算法和模型，准确、及时地识别教学活动中的趋势、问题及成因，这些分析结果不仅为高校管理层提供了有价值、可检测、可校验的数据支持，还辅助他们做出了科学合理、全面有效的教学管理决策。

实时信息更新与共享机制是教学督导信息系统的亮点，通过这一机制，督导评价数据能够得到及时有效的更新，确保各方主体能够随时随地了解到最新的情况，这种透明的督导工作机制不仅有助于各方明确自身的问题、职责及改进方向，还提升了评价信息的利用效率，促进了教学质量的持续改进。高效的报告生成功能也是信息化系统的重要组成部分。通过“自动化报告生成功能”，系统能够快速汇总分析结果，形成详细且易懂的报告，这不仅减少了手动编制报告的时间成本，还提升了评价信息处理的效率和质量，为教学督导评价工作的深入开展提供了有力支持。

（三）促进督导评价人员专业素养的提升

督导评价人员作为教学督导工作的核心力量，其专业素质的高低直接关系到教学督导工作的质量和效果。在信息化建设的背景下,教学督导人员迎来了素质提升与能力增强的新契机。信息化平台为督导评价人员提供了丰富的在线培训课程和资源,这些课程和资源不仅涵盖了新的教学理论、评价方法和技能,还结合了实际案例和最佳实践,为督导人员提供了全面、系统的学习机会。信息化平台允许督导员根据自己的时间安排和学习节奏进行学习,增强了学习的便利性和可达性,使得学习成为持续与自主的过程。

此外,信息化平台还为督导人员提供了在线讨论和交流的平台。通过这一平台,督导人员可以就遇到的问题、分享的经验进行深入讨论和交流,从而丰富自己的知识结构、拓宽评价视野,这种跨时空的交流方式不仅促进了督导人员之间的合作与互助,还激发了他们的创新思维和实践能力,为教学督导工作的持续改进和创新提供了源源不断的动力。

三、高校教学督导评价信息化的构建原则

(一)教学督导评价信息化的需求导向原则

需求导向原则是高校教学督导评价信息化构建的首要原则,它强调在信息化建设过程中,必须深入了解并精准定位教师、学生及管理人员在教学督导评价方面的实际需求与期望,以此为导向,确保系统建设的针对性与实用性。一方面,通过调查、访谈、问卷等多种方式,广泛收集用户意见与建议,形成对用户需求的全面认知。在此基础上,针对不同学习风格的学生及不同背景的教师,设计多样化、系统化的系统功能,以满足其个性化需求。例如,对于偏好自主学习的学生,可提供在线学习进度追踪与反馈功能;对于需要教师个性化指导的学生,则可设置一对一辅导预约系统。另一方面,针对当前教学督导评价中存在的痛点和挑战,如数据收集困难、评估效率低、反馈不及时等,制定针对性的解决方案。通过开发高效的数据收集工具、提高评估过程的自动化程度等措施,有效提升教学督导评价的效率与质

量，注重系统的易用性与友好性，降低用户操作难度，提升用户体验。

（二）教学督导评价信息化的可持续发展原则

可持续发展原则要求高校教学督导评价信息化建设必须立意高远，做好长期规划与设计，确保系统建设的动态性与灵活性，以适应未来教育发展的需要。一方面，从高校教育发展的整体趋势出发，结合理念变革与技术进步，制定科学合理的未来规划。在信息化建设中，注重系统的拓展性与兼容性，为学校整合新技术、添加新功能提供可能。另一方面，注重资源的有效利用与科学配置。在信息化建设过程中，充分分析成本效益，确保各类资源的合理投入与高效利用。通过优化资源配置，降低建设成本，提高系统建设的性价比，注重系统的稳定性与持续性，确保在长期使用过程中，持续满足用户需求，提升教学督导工作的整体效能。

（三）教学督导评价信息化的数据完整与安全原则

数据完整与安全原则在高校教学督导评价信息化建设中具有举足轻重的地位，要求高校在信息化建设过程中，必须高度重视督导数据和评价信息的价值挖掘与保护。首先，通过大数据技术，深入挖掘教学督导评价数据在教学管理上的潜在价值，通过对数据的分析与利用，为教学改进提供有力支持。其次，在数据挖掘与利用的过程中，必须遵循数据的完整性与安全原则，确保搜集到的数据覆盖教学督导评价的各个方面，包括学生反馈、教师表现、课程内容等，以形成全面、准确的数据集，采取强有力的数据保护措施，防止数据泄露和非法访问，通过加密技术、访问控制等手段，确保各类数据得到有效保护与充分利用。最后，在数据分析的过程中，应建立有效的反馈机制，确保数据分析结果能够直接转化为教学改进的决策或方案。通过定期的数据分析报告，向教师、学生及管理人员提供清晰、直观的数据分析结果，为其制定教学改进计划提供有力支持，注重数据分析结果的时效性与准确性，确保教学督导评价工作的科学性与有效性。

四、高校教学督导评价信息化的实践策略

(一)构建完善的教学督导评价系统

1.需求分析与系统规划

在构建教学督导评价系统之前,高校需进行深入的需求分析工作,这一环节应涵盖对教师、学生、管理人员等利益相关者的广泛调研,以充分了解其对教学督导评价工作的期望与需求。基于调研结果,高校应制定一个详尽的系统规划,明确预期目标、技术要求、功能列表等关键要素,确保系统构建的内容、行动路线、实施手段与教学督导评价工作的基本目标、内容高度契合。

2.技术基础设施的评估与建设

技术基础设施是教学督导评价系统构建的重要支撑。在推进系统建设的过程中,高校需对现有基础设施进行全面评估,包括网络带宽、服务器容量、数据存储能力和安全性等方面。基于评估结果,高校应确定必要的技术升级或新建需求,并据此制定详细的实施计划。例如,购买新服务器以扩大存储容量、提升网络带宽以优化数据传输速度、安装数据备份和恢复系统以确保数据安全等。

3.软件平台的选择与开发

软件平台是教学督导评价系统的核心组成部分。在构建过程中,高校需根据实际需求,通过采购或开发商业软件的方式,打造一个功能全面且用户友好的软件系统,该系统应涵盖信息采集模块、信息查询模块、数据分析模块等多个功能板块,并整合教学资源、监督简报、监督论坛、专家把脉、工作动态等丰富内容。为确保系统的先进性和实用性,高校还应积极引入新媒体技术、大数据技术、人工智能技术和区块链技术等前沿科技,以提升系统构建的灵活性和有效性。

(二)落实科学的数据管理与分析

为了更有效地搜集、更全面地覆盖、更科学地分析各类教育数据、管理数据,高校应构建一套完善的数据收集机制,这一机制的核心在于加强督导系统与教育系统、视频管理系统、科研系统以及各类行政系统之间的衔接与融合。通过制度化的手段、技术的引进以及系统的升级,确保各类信息能够顺畅地流通、高效地整合,最终纳入督导系统的统一管理范畴。具体而言,高校可以积极探索人工智能技术与视频监控系统的深度融合。通过智能化的数据抓取与分析,整合学生的学习状态数据、教师的教学质量数据等,考虑建立跨系统的数据共享平台,打破信息孤岛,实现数据的互联互通,为后续的督导评价提供丰富、准确的信息支撑,进一步提升数据收集的全面性与时效性。

数据分析工具是发挥督导评价系统功能、提升高校教育教学质量的重要载体。因此,高校在引进数据分析工具时,需充分考虑其科学性、合理性以及实用性。一方面,高校要深入了解教学评价数据的类型与特点,明确不同数据分析工具的易用性、灵活性以及功能优势,从而选择出最契合督导评估需求的分析工具;另一方面,高校要明确数据分析的目标与方向。例如,识别教学质量的关键影响因素、预测学生满意度的变化趋势等。基于这些目标,高校可以开发或定制专属的数据分析模型,如统计模型、机器学习算法、时间序列分析等,这些模型能够深入挖掘数据背后的价值,生成具有指导意义的评价报表或决策支持信息,为高校的教学管理提供有力支撑。

在数据分析工具的实际应用过程中,高校还需重视数据的清洗与预处理工作。通过剔除无效数据、修正错误数据、填充缺失数据等手段,确保分析结果的准确性与可靠性,加强对数据分析结果的解读与运用,将其转化为可操作的改进建议或决策依据,真正发挥数据分析在提升教学质量、优化教学管理方面的作用。

(三)强化高效的用户培训和支持

加强高校教学督导评价信息化建设,有利于提升教学督导效率、评价信息处理质量,促进教学质量及专业教师的发展。然而在信息化建设的过程中,高校要想推进督导评价信息化建设的进程,增强高校教育教学的实效性,就必须加强对教师、管理人员及督导员的培训与支持。为了精准把握培训的方向与内容,首要步骤在于明确培训需求。具体而言,需通过深入的调查与细致的访谈,全面收集并分析教师、管理人员及学生对于教学督导评价信息化系统的熟悉程度与实际需求。在此基础上,针对不同用户群体的差异化需求,精心设计具有针对性的培训内容与方法,以确保培训的实效性与针对性。

培训材料的开发与课程的构建至关重要,高校应依据前期调研所得的培训需求,精心打造一系列易于理解、操作性强的培训手册、教程视频及在线课程,这些培训资源应涵盖基础操作指南、高级功能应用等多个层面,以满足不同用户群体的学习需求。针对不同用户群体,设计相应的培训课程,确保内容的全面性与深度。在培训计划的实施阶段,高校需采取线上线下相结合的方式,确保培训活动能够覆盖所有需要培训的用户群体。线上课程便于用户随时随地进行学习,而线下课程则能够提供更为直观、深入的现场指导。此外,通过组织工作坊、研讨会及问答环节等多样化的活动,进一步激发用户的学习热情,鼓励其积极参与实践操作,从而加深对系统功能的理解与掌握。

持续的技术支持是保障教学督导评价信息化系统稳定运行的关键。为此,高校应设立专门的技术支持团队,为用户提供及时、专业的帮助。例如,设立热线电话,随时解答用户在使用过程中遇到的各类问题;构建网络沟通平台,便于用户将系统应用中遇到的难题及时反馈给技术人员。技术人员则可通过远程维护、后台调整等手段,不断提升系统的流畅性、安全性与规范性,确保教学督导评价信息化系统能够持续、稳定地为高校教育教学工作提供有力支撑。

总而言之,教学督导评价是全方位、多角度、多渠道落实党的教育方针、强化教育教学质量、促进现代教育高质量发展的必要抓手。在数字时代,高校理应推进自身的信息化建设与发展,通过利用大数据、区块链、智能技术及各类新媒体平台及手段,提升教学监督与评价的实效性,使其充分应用到高校教育教学的不同环节中,成为推进学生全面发展的重要保障。伴随信息技术的迭代更新与创新发展,相信教学督导评价信息化建设将呈现出新的特征,可以更有效地作用于高校各类教育工作,提高高校教育的现代化水平。

第五章 高校教学教师队伍信息化

第一节 高校教师信息化教学能力及发展

一、高校教师信息化教学能力的内涵解构

(一)教师的信息化教学设计能力

教师信息化教学设计能力,作为新时代教育领域中的一项关键技能,是指高校教师能够熟练运用信息科学技术,高效地进行教学活动规划与设计的能力,这一能力构建在教与学理论的基础之上,强调通过信息化手段优化教学设计流程,实现教学资源的合理配置与高效整合。具体而言,它要求教师能够依据教育理论框架,运用现代信息技术工具,精心设计教学流程与各个环节,旨在提升教学质量与学习成效。在此过程中,教师需充分发挥信息技术的灵活性,将其作为一个动态变量融入教学实践,从而推动教育内容、教育模式以及教学流程的深刻变革。信息化教学设计不仅是信息技术时代教学活动实践的理论支撑,也是指导新型教学模式探索与实施的重要依据。

在信息化教学设计的实践中,设计整合技术的教学成为开展有效信息化教学的先决条件,同时也是教师专业化发展中不可或缺的一环。这一能力要求教师具备将信息技术与教学深度结合的能力,以促进学生学习方式的转变与学习效率的提升。信息化教学设计强调学生的主动参与,而为了实现这一目标,教师必须能够精准地收集、筛选并整合与学科紧密相关的教学资源,以构建一个富有吸引力的学习环境。通过运用网络、多媒体等现代技术手段,教师可以创设问题情境、应用情境、直观情境等多种学习场景,激

发学生的学习兴趣，挖掘其潜在能力，并引导学生投入具有现实意义的探索性活动中，解决复杂问题。这种情境的创设不仅丰富了教学手段，也极大地提升了教学的互动性和有效性。

（二）教师的信息化教学整合能力

信息化教学整合能力，作为教师专业能力的重要组成部分，是指教师在教学实践中将信息科学技术有效融入，促进教与学过程深度融合与提升的能力。这一能力聚焦于利用信息技术推动教学方法与方式的创新与改革，通过整合教学技术、资源、方法与信息技术，形成一种新型的教学模式，以更有效地实现课程教学目标。在信息化教学整合的过程中，教师的主导作用与学生的主体地位得到了进一步的强化与体现，形成了教师引导与学生自主探索相结合的新型教学关系。

信息化教学整合能力的核心在于，教师须具备高效整合与利用信息资源的技能，以支持学生的主动探索与意义建构。这要求教师能够根据教学目标、学生特征及知识特性，迅速而准确地收集相关教学资料与信息，对与学科知识紧密相关的信息保持高度敏感，并熟练运用网络搜索、在线交流、数字化工具等多种手段获取信息。在此基础上，教师还需具备对信息进行分类、分析与提炼的能力，确保所选资源既恰当又有效，能够满足教学需求，促进知识的深度学习与迁移应用。在信息爆炸的时代背景下，这种对信息的选择与决策能力，成为信息化教学能否深入开展的关键因素。

（三）教师的信息化教学实施能力

信息化教学实施能力，作为高校教师专业技能的重要组成部分，指的是教师在信息教育技术的支持下，对教学活动进行高效管理和优化的能力。这一能力不仅要求教师熟练掌握并应用各类信息技术设备，还强调其在信息教育平台上创建多元化教学资源，以满足学生日益增长的个性化学习需求。

随着信息时代的到来,教学活动已不再是简单的知识传授过程,而是转变为学生知识建构的引导与促进。教师需要基于学生的个性化需求,对教学过程进行全方位的调控。在这一过程中,教师的角色发生了显著变化,学生除了传统的课堂学习外,还增加了利用数字媒体进行的独立学习与协作学习。这种学习形式的多样化以及教学过程的复杂化,对教师的调控能力提出了更高要求。

(四)教师的信息化教学评价能力

信息化教学评价能力,是指高校教师能够灵活运用信息技术手段,根据预设的教学目标进行过程性与综合性评价的能力。这一能力的核心在于通过信息技术的介入,确保教学评价过程的客观性与科学性,从而及时发现并改进教学中存在的问题。信息化教学评价以成果导向教育为核心理念,以学生为中心,注重教学效果的实际达成,并致力于持续改进。通过信息技术手段收集并分析教学数据,教师可以构建多元维度的信息化课程评价体系,实现对教学过程的全面监控与评估。

信息化教学评价要求教师不仅具备选择和使用信息技术工具进行评价的能力,还需要熟练掌握数据处理软件等技术支持,以确保评价活动的有效性与合理性。此外,教师还需在信息技术环境中对学生的学习活动进行准确评价,包括评价的规划、实施、计分及结果解释等环节。这需要教师运用多种评价方法,判断学生在学习、交流及实践活动中使用技术资源的有效性,并能将评价结果反馈于教学实践,以促进教学的持续改进和学生的学习进步。

(五)教师的信息化教学研究能力

信息化教学研究能力,是指高校教师能够运用信息技术手段开展教学研究,以应对教育发展新挑战的能力。在大数据、移动互联网、云计算等新技术不断涌现的今天,教学平台与教学模式的革新对高校教师提出了更高要求。如何适应并有效应对这些变化,成为教学研究的重要课题。信息化教学研究贯穿于教学活动的全过程,通过提升这一能力,高校教师能够更好地应对复杂多变的教学环境,为教育模式改革提供理论支撑与实践指导。

在信息技术与教学深度融合的背景下,学生的自主性成为影响教学效果的关键因素。学生不仅可以选择学习内容和学习方式,还可以自主开展学习活动并展示学习成果。因此,教师在信息化教学研究中应围绕学生的"学"展开,充分考虑以学生为中心的教学理念。这包括发扬学生的首创精神,鼓励学生在学习过程中发挥主动性;将知识"外化",为学生提供多种应用知识的机会;实现自我反馈,让学生根据行动反馈信息形成对客观事物的认识并解决实际问题。通过这些研究,教师可以更好地理解学生的学习需求,优化教学策略,从而提升教学质量和学习效果。

二、高校教师信息化教学能力的发展策略

(一)高校教师信息化教学能力的发展目标

在我国教育现代化的征途中,教育信息化扮演着举足轻重的角色,它不仅是破解当前教育难题的一把钥匙,更是驱动教育改革与创新的强大引擎。教育信息化依托现代信息技术,促进了教育资源的优化配置与广泛共享,为提升教育质量、助力高校培育高素质人才奠定了坚实基础。从国家战略的高度出发,积极推进教育信息化建设,对于增强国家的科技创新能力具有深远的实践价值。要充分发挥教育信息化的潜力,必须明确其发展方向,并构建科学合理的目标路径。高校作为人才培养的主阵地,应成为教育信息化目标设定的关键节点。因此,需从国家宏观规划、高校具体实施、教师能力提升三个维度出发,系统设计教师教育信息化的培训体系与发展路径,确保教育信息化能够稳步前行,真正实现教育现代化与信息化的深度融合,为国家的长远发展贡献力量。

1.教师自身的目标

(1)信息素养

信息素养的培育与发展,是教职人员个体奋斗与教育机构系统性培养

相互交织的产物，它构建了一个全面、持续且高效的信息技术教育能力培养框架，为高校教师职业生涯的持续发展、思想境界的深化以及专业能力的飞跃提供了坚实的平台。这一进程涵盖了从理念层面的革新至信息技术应用的熟练掌握，从对信息化教育环境的适应到信息化教学创新及科研探索的全面渗透，要求高校教师在面对信息化教育背景下的专业知识体系与能力架构时，展现出对课程与教学理论的全新诠释及实践操作的精湛技艺。在此过程中，信息技术的迅猛发展为教育教学改革开辟了广阔天地，它不仅为教学内容与形式的革新提供了无限可能，还促进了教学环境的数字化转型，使得未来教学能够依托更为丰富多元的媒介资源与人才支撑，灵活响应时代变迁与学生多元化需求。

鉴于此，强化教师自主自觉地运用信息技术的意识，成为提升教育质量、适应未来教育发展趋势的关键所在。首要任务在于，提升教师的自我成长理念，鼓励他们将互联网技术深度融入学习、教学与科研活动之中。技术的潜力虽大，但其真正价值在于使用者的主动探索与有效应用，否则可能转化为难以驾驭的负担。当前，信息技术为教师提供了前所未有的工具与方法，激励他们探索教育创新之路，并在同行间构建起紧密的合作网络。然而，只有当教师深刻省察自身在教育信息化进程中的局限与不足，方能孕育出与时代发展相契合的先进教学理念，激发内在成长的动力机制。

因此，为了优化信息技术与教育教学的融合效果，教师应当以研究者的视角审视并反思整合实践，这一过程实质上促进了理论与实践之间的深度对话，搭建起连接两者的桥梁，同时也是教师自我理想与现实状态之间心灵层面的沟通与调适。在教学中培养学生的反思能力，不仅能够增强学生的主体意识，促进其全面发展，也是实现有效学习的关键。同样，教师自身也应具备反思技能，将学习理论与教学实践紧密结合，通过不断地实践与反思，实现教学效果的优化与教学模式的创新，使课堂教学超越简单的知识传授与内容展示，转变为对教学计划与内容的“再创造”，成为教学流程中不可或缺的增值环节。

高校教师作为高校信息化建设的核心力量，应当率先突破传统思维束缚，积极拥抱数字化时代的浪潮，深化对信息化教学理论的学习与理解，提升个人对信息化教学价值的认知，并增强推动高校信息化进程的责任感与使命感。在日常教学与管理工作中，他们应充分利用数字化与信息化手段，发挥自身优势，成为推动高校教育信息化发展的领航者与实践者，为构建智慧教育生态、促进学生全面发展贡献力量。

(2)信息修养

在教学过程中，涉及信息和信息技术的使用，必须遵循伦理道德规范，以及诚信、务实、风险和服务的修养，同时还需要教师内在的信息化驱动力量。在新时代，教育要培养出适应现代需要的具有创新精神的人才，就必须注重教师的信息素养，提高其信息教学水平。知识经济社会对社会成员的基本素质和能力提出了更高层次的要求。教师信息素养与信息意识之间存在着密切的联系。教师信息教学情感是构建教师信息教学知识体系和提升教师能力素质的基石，同时也是直接推动教师态度和自信形成的重要因素。教师信息教学能力在一定程度上反映了教师是否具有良好的信息教学素养。只有当教师内心深处充满了对信息化教学能力的渴望和信心，才能真正实现自身能力的全面提升。在信息技术教育迅速发展的今天，信息技术与课程整合成为一种必然，而实现这一过程离不开教师信息教学能力水平的提升。教师在信息社会中的专业发展需要不断提升其信息教学能力，以适应时代的发展需求。教师的成长动力不仅在于直接的自我学习，更在于其能够推动教师的专业发展，从而实现自我提升。教师信息化教学能力是教师通过自己的努力获得的对信息技术课程和教学活动进行组织、管理及指导的知识与技能，以及这些知识与技能的整合方式与方法。

在信息化教学能力的演进过程中，教师的自我学习贯穿于整个学习过程。教师要想成为一名优秀的信息化教学人才，就必须具备良好的信息化教学能力。教师信息化教学能力的培养是一项独立而又终身的任务，需要持续不断地投身于教学实践中。只有当教师对信息化教学能力的发展充满信心和热情，并不断付出努力时，他们才能实现更高层次的提升。

（3）信息能力

教师在教学过程中，不仅需要掌握计算机和网络的基本知识和技能，还需要将信息技术作为一种有力的工具融入课程中，从而不断提升自身的自主学习能力。通过多种方式提高自身的科研能力，提升自己对新技术的驾驭能力。信息化教学的核心在于以信息技术为基础的教学和学习，而非仅仅是简单的教案、教材和各种教学资源的数字化处理。信息技术可以让课堂教学更加生动形象、直观高效，这就意味着教师必须学会利用信息技术来提高教学质量并使其更具吸引力。教师应当具备技术应用的能力，同时也需要了解何时以及如何将技术有效地融入学科课程教学，以达到更好的教学效果。随着新课程改革进程的推进，传统的教学方式正在发生根本性的改变。推进教学实践改革的进程将因教学理念的更新而加速。教师信息化教学能力在课堂上的实践是教学观念转变的显著体现之一，在整合实践的过程中，必须深入挖掘信息技术的潜力，积极探索经验，不断提升技能水平。因此，在信息时代，作为教师，必须具备信息技术技能，提升信息素养和教学能力，并通过在实际教学场景中的信息教学实践推动个人成长。

为了实现高效的课堂教学，教师应充分利用各种可利用的资源。教师可以对个人学习空间进行设计和开发，让网络智能系统在信息化教学的活动中起到主导作用，让学生可以在任何时间、任何地点，都可以自由地进行学习，从而突破学习的局限。教师也可以通过各种有效的网络平台和资源平台，设计出符合课内教材内容的PPT、短视频或者FLASH等来辅助和扩展教学内容。

（4）信息创造

在信息时代背景下，教师必须掌握信息技术的应用能力，以推动教学创新和专业成长，进而成为教育革新的先驱。教师职业的核心要求之一是持续的探索精神和学习动力。因此，教师应有效地将信息技术与教学研究相结合，在创新性的教学研究活动中熟练运用通用工具软件（例如Word、Excel、PPT)和网络信息服务(如电子邮件)。传统教育观念中,教师被视为传授知识和道德的主要角色,学生则是知识的被动接受者。这种模式限制了学生获取知识的途径和方法,因为教学内容往往基于教师个人经验。为了拓宽和深化学生的知识视野,教师需要在课堂之外采用其他补充方法,如线上教学平台,以促进学生的课前预习和课后扩展学习。教师应运用多种手段提供新的教学资源,使学生能够根据个人学习需求自主扩展知识。因此,在实际课堂教学中,教师不应仅限于传授课本知识,而应重视激发学生的创造力和自主学习热情。通过这种方式,可以更有效地发挥学生的主体性,促进其学习发展,并充分展现信息化教学的潜力。

2.高校的目标

(1)完善信息化基础设施建设

在中国教育信息化的未来发展中,信息化基础设施建设的完善与强化是非常重要的,这一进程不仅受到政策层面的积极倡导,还依赖于高校自身通过经济手段的主动投入,以全面推动教育信息化迈向新高度。当各项基础条件成熟时,高校应当审视自身在信息化教学资源硬件建设上的不足,特别是针对那些尚未达到标准或普及程度不高的现状,通过增大投资力度,解决教师使用录播程序复杂、烦琐的问题,进而激发教师参与课程录制的积极性。

信息化教学环境下,课堂记录成为教学活动不可或缺的一部分,它提供了一个高效、专业的数字化平台,用于高质量捕捉教学活动的每一个细节,微课教学的兴起便是这一趋势的生动体现。作为响应国家战略的重要举措,众多高校正逐步将录播教室纳入校园建设规划的核心位置,旨在通过这一平台全面培养人才。录播系统的引入,极大地促进了微课程构建的系统化与科学化,为此,高校需增设足够数量的录播教室,并辅以相应的技术培训与硬件投资,以确保更多教师能够熟练掌握并运用这一工具,从而在优质教育资源共享、教育信息化推进以及教育公平性的提升上发挥关键作用。

录播教室的建设,不仅要求配备先进的录播系统,还需整合丰富的教学资源,以满足多样化教学需求。录播系统的全面性体现在其能够精准捕捉课堂全景、近景及黑板内容等多维度信息,显著减轻了跟踪拍摄的工作负担。为了最大化录播教室的效用,高校还需加强对教师的指导与培训,帮助他们熟练掌握录播技术,从而提升其信息化教学能力,这是实现教育信息化转型升级的重要一环。

此外,构建一个完善的教学资源平台,对于促进信息化教学的便捷开展至关重要。这包括营造一个积极向上的信息化教学氛围,以及加强对学校信息技术教育的监管力度。通过实施实时、动态的教学活动与效果评估机制,并定期向教师反馈评估结果,可以促使教师深刻认识到信息技术应用过程中存在的问题,并据此采取有效措施进行整改与优化,从而不断提升信息化教学的质量与效率。综上所述,完善信息化基础设施建设,不仅是提升教育现代化水平的基础工程,也是推动教育公平与高质量发展的必由之路。

(2)加大信息化素养专项培训

在高校教育体系的持续优化中,强化教师的信息化素养培训显得尤为关键,这要求构建一个全面且多元化的教师培训框架,以不断精进教师教育路径。信息化培训作为提升教师技术能力的重要途径,其影响深远,直接关联到教师运用信息技术于教学实践的能力水平。因此,高校需依据自身实际情况,精心设计一套既具针对性又系统完备的信息化培训体系,确保培训内容既覆盖广泛又深入细致。

然而,当前部分高校在信息化教学与培训上的投入尚显不足,不仅培训内容的深度与广度有待拓展,而且缺乏后续的实践应用环节,导致培训效果难以有效转化至实际教学中。在此背景下,建立信息中心或专门平台显得尤为重要,它不仅能为教师提供一个交流经验、共享资源的平台,还能提供专业的技术支持与指导,促进教师信息化能力的持续提升。此外,强化高校对信息化培训过程的监管,是确保培训质量、推动教育信息化进程不可或缺的一环。

考虑到教师可能因工作负担沉重而对长期培训产生抵触情绪，进而影响培训效果及信息化教学的实施，教育部门需采取积极措施，如设立信息化教学能力考核指标，举办多样化的信息化学习研讨活动，以激发教师的参与热情与内在动力。通过定期举办信息化优质课评选，鼓励教师展示其信息化教学成果，不仅能够有效检验培训成效，还能激励教师不断探索与创新信息化教学模式。同时，提供丰富多样的培训课程，涵盖理论知识与实践操作，有助于深化教师对信息化教学的理解，提升其应用能力，从而充分发挥社会资源平台的最大效用。

在培训模式上，融合线上与线下的混合式学习成为趋势，既便于教师灵活安排时间，又保证了培训的互动性与实效性。高校还应积极拓展国际合作与交流，邀请国内外信息化教育领域的专家学者举办讲座与工作坊，引入先进理念与技术，为教师的信息化教学技能提升搭建国际视野的桥梁。通过这些综合措施，可以有效促进教师信息化教学水平的全面提升，为教育信息化的发展奠定坚实基础。

(3)建设高水平信息化教学团队

在构建与提升信息化教学团队时，必须深刻认识到，面对教育资源与教师精力有限的现实约束，团队化协作成为推动信息化教学发展的重要策略。信息化教学团队的组建，不仅是对教师个体能力局限的一种超越，更是促进教育资源高效整合与利用的关键机制。在这一框架下，团队成员基于各自的专业优势与技能特长进行合理分工，形成互补效应，能够显著提升团队整体的教学效能与创新能力。以微课的演进为例，从初期单一教师的独立创作，到后来国家级、省级项目中课程团队的广泛参与，无不彰显了团队建设在推动微课质量与规模双重提升中的核心作用。信息化教学能力突出的教师作为引领者，携手经验丰富的教育工作者，共同构建微课开发团队，依据成员专长精细划分任务，不仅促进了微课内容的丰富性与创新性，也带动了团队成员在教学实践、科研探索及信息素养上的全面提升。

进一步而言，构建高水平信息化教学团队，是实现教育资源高效共享、深化信息化教学改革的关键步骤。这要求教师转变传统个人主义的教学模式,转向团队合作与资源共享的新范式。通过团队的协同努力,不仅可以有效规避教学资源的重复建设,显著提升资源开发效率,还能促进教师在交流与合作中相互学习,共同进步,从而提高信息化教学的整体质量。此外,鉴于高等教育的社会关联性,信息化教学团队应保持对科技进步与社会变迁的高度敏感性,积极追踪并吸纳最新的科研成果,不断丰富和完善教学内容。教师应主动融入国内外学术与实践的前沿动态,筛选出具有教育价值的信息素材,并运用现代信息技术手段进行创新表达,以增强教学的吸引力与实效性。这一过程不仅促进了教师个人知识结构的持续更新,也为学生提供了更加贴近时代、富有启发性的学习体验,是提升高等教育质量、培养未来社会所需人才的重要途径。

(4)强化信息化教学激励

在教育信息化快速发展的时代背景下,高校作为知识传播与创新的重要阵地,亟须通过有效的激励机制促进教师信息化教学能力的提升。为此,高校应设计并实施一系列多元化、层次化的激励措施,以激发教师参与信息化教学实践的积极性与创造力。具体而言,高校应积极鼓励教师参与校级、省级乃至国家级的信息化教学竞赛,通过设立专项奖励基金、提供参赛培训与指导等方式,为教师搭建展示自我、交流学习的平台。对于在竞赛中取得优异成绩或获奖的教师,高校不仅应在绩效工资分配上给予适当倾斜,还应将其纳入"评优、评先"的重要考量范畴,以此彰显对信息化教学成果的高度重视与认可。

此外,高校还应关注信息化团队建设与课程开发的激励机制构建。对于在信息化教学资源建设、在线课程设计、混合式教学模式探索等方面取得显著成效的团队或个人,高校可通过设立专项经费奖励、颁发荣誉证书、提供海外研修机会等多种形式予以表彰与鼓励。同时,为激发教师主动探索信息化教学新路径的热情,高校应建立健全信息化教学研究项目申报与资助体系,为教师提供充足的政策与资金支持,鼓励其开展基于信息化手段的实证研究,促进教学方法的创新与教学效果的提升。通过这一系列激励机制的实施,旨在构建一个教师积极参与、勇于创新的信息化教学生态,推动教师在信息化教学领域的全面发展与深度融入。

(5)营造教师信息化教学的有效环境

教师信息化素养的提升与高校信息化教学环境的营造密不可分。信息化教学环境是指依托先进信息技术,为教学活动提供的包括硬件设施、软件资源、技术支持在内的综合性条件体系。面对教育信息化2.0的新要求,高校必须积极响应教育教学改革的号召,为教师创造有利于信息化素养提升的教学环境。

第一,硬件设施的升级与优化是基础。随着信息技术的日新月异,高校应定期评估并更新教学用计算机、网络设备、多媒体教学系统等硬件设施,确保教师能够利用最新技术进行教学设计与实施。同时,加强校园网络基础设施建设,提升网络带宽与稳定性,为在线教学、远程协作等信息化教学活动提供坚实保障。

第二,构建多功能智能课堂是关键。高校应大力推进“智慧教室”建设,通过集成现代信息技术,如人工智能、大数据、云计算等,实现教学环境的智能化、个性化与互动化。智慧教室不仅能够支持多种教学模式的灵活切换,还能根据学生的学习需求与习惯,提供定制化的学习资源与路径,从而有效提升教学质量与学习效率。在智慧教室的设计与运用中,应充分考虑教师与学生双方的需求,以促进学生创新思维与问题解决能力的培养为核心目标,确保智慧教室的功能得到充分发挥,实现教育资源的优化配置与高效利用。

第三,组建跨学科信息技术支持团队是保障。高校应积极引进信息技术专业人才,与一线教师紧密合作,形成“智囊团”,共同探索信息技术与学科教学的深度融合路径。这一团队不仅能为教师提供技术培训与指导,帮助其掌握最新的信息化教学手段,还能根据学科特点与教学目标,开发适合本校特色的信息化教学资源与平台,推动学科教育的信息化转型与升级。通过这一系列的措施,高校将能够有效提升教师的信息化教学能力,促进信息技术与教育教学的深度融合，为培养适应未来社会需求的创新人才奠定坚实基础。

3.国家的目标

(1)加大教育信息化政策研究力度

国家应增加高校对教师信息化发展的专项投资，打好教师信息化能力发展的经济基础。对发达国家的教育信息化政策进行了分析，得知我国的教育信息化政策还不是很健全，面临着许多问题，所以，国家除了要增加对信息化的投资外，也要注意对信息化政策进行研究，加强各方面对信息化政策的关注。组织一批专家和学者集中进行政策研究，不断地寻找一条最符合中国国情的中国特色教育信息化发展道路。

(2)完善教育信息化政策制定有序可行

教育信息化政策是国家对今后教育信息化的指导性文件，其制定必须依据国家基本国情且必须符合我国基本国情，但也要充分将政府、企业和社会团体等因素、个人及其他方面的介入纳入考虑范围，包括充分听取教师、学生两方面的建议与意见，使收集到的观点能够真正转化为公众的观点，减少执行过程中出现冲突的概率，真正维护公众的知情权。

(3)保障教育信息化政策落到实处

我国地大物博，人口众多这一基本国情，直接限制了我国很多政策的切实执行，而有关政策文件的内容条例又不适用于每一个区域的实际情况，所以，各地方政府一定要将国家教育信息化政策文件进行本土化开发、执行并付诸实践，切实解决地方现有信息化发展水平不高、信息化区域发展不够均衡等问题，响应政府的号召，不断完善我国教育信息化的基础设施建设，促进我国教育信息化建设的快速向前发展。

(4)确保教育信息化环境安全有序

加强教育行业网络和信息安全意识的全面提升，同时加大校园宣传力度，以确保教育信息化安全的全面推广。从目前来看，我国高校教师对信息化教学环境建设还存在认识不足、缺乏积极性等问题。要构建完善的教育网络和信息安全工作的组织架构，完善网络安全管理制度，加强网络安全培训，不断强化安全意识，提升从业人员素质，确保信息系统安全可靠运行。加强国家信息安全等级保护制度的贯彻落实，遵循教育行业相关规范，对新建系统进行准确定级和备案，并在系统规划和设计阶段同步确定安全保护等级。在此基础上，按照国家和教育行业相关标准规范的要求进行安全建设和问题整改。健全完善校园网络安全管理体系，加强网络安全基础设施建设，强化校园网等信息系统的安全管理和运行维护，构建全方位立体化安全监控体系，为支撑教育现代化事业的健康持续发展提供坚实支撑。

(5)加大教育信息化平台协同监管

教育技术平台所具备的技术特性和风险缓解机制在一定程度上确保了信息化教育的稳定性、连贯性和安全性。然而，缺乏适当的监管可能导致不法分子利用漏洞。以国家智慧教育平台为例，该平台服务于全国的大中小学用户，拥有庞大的用户基数和全天候的覆盖，因此对平台的稳定性提出了极高的要求。通过集中全国资源构建统一的智慧教育平台，有效整合了先前分散且技术标准不一的多个平台，从而为平台的稳定性提供了坚实的基础。

随着云计算和大数据等新兴技术在教育领域的应用，教育数据的智能采集、存储和分析得到了显著提升，但同时也带来了数据监管不严和数据应用不当所引发的数据泄露和隐私侵犯的风险。除了法律和政策的约束外，技术层面上，系统平台需要进一步发展去中心化的数据存储和处理技术，以增强数据的安全性和抗风险的能力。

国家智慧教育平台虽然具有独特性和权威性，但其中一部分教育资源尚未经过严格的知识产权审查，这构成了不容忽视的风险。因此，有必要进一步建立和完善教育领域的知识产权审查标准和监测机制，以确保教育资源的合法使用和保护。

（二）高校教师信息化教学能力的发展模式

1.内在驱动模式

（1）兴趣导向模式

兴趣导向模式作为激发个体内在动机的关键策略，在当代教育领域中展现出了非凡的价值。随着互联网技术的飞速发展，高等教育教学资源呈现出前所未有的多样性与丰富性，诸如慕课、云课堂、微课等新兴信息化教学手段应运而生，为传统教学模式带来了革新。在此背景下，高校应着重于青年教师的培育，着力提升其信息化教学的能力与水平。青年教师群体以其思想开放、思维活跃及对新技术新知识的高度敏感性，对基于互联网的智慧教育模式展现出浓厚的兴趣与强烈的探索欲。因此，鼓励这一群体积极拥抱变革，主动研习并掌握信息化教学的先进技能与方法，显得尤为重要。

在教育改革持续深化的当下，我国高校正积极投身于教学改革的浪潮之中，而师资队伍的建设无疑是提升学校整体教育质量的关键一环。对于青年教师而言，提供丰富的学习与进修机会，不仅能够帮助他们不断提升个人的教学技艺与职业素养，更是确保教学活动高效运行的重要保障。同时，从更宏观的教育事业发展角度来看，青年教师作为推动教学改革与创新的主力军，其角色与地位不容忽视。通过全面的培训体系，不仅能够有效激发青年教师对教育事业的热情与兴趣，促使其更加积极地投身于课堂教学实践，从而提升教学质量，还能够使他们深刻理解高等教育改革的现状与未来趋势，为教育事业的持续发展贡献力量。

青年教师的培养过程还具有显著的示范与辐射效应。通过他们的成长与成功，能够激励更多教师主动学习、借鉴经验，形成良好的教学与研究氛围。这种正能量的传递，不仅能够提升学生的学习动力与成效，还能够进一步提高青年教师适应教学岗位的能力，提升其教学科研水平，为构建一支高素质、专业化的高校师资队伍奠定坚实基础。因此，重视并加强青年教师的培养与发展,对于推动我国高等教育事业的改革创新具有深远意义。

(2)使命导向模式

使命导向模式在高校教师信息化教学能力发展中的重要作用不容忽视。在教育信息化的大背景下,高校教师作为知识传授与技能培养的关键角色,其信息化教学能力的强弱直接关系到高等教育质量与现代化水平。随着多媒体技术和网络技术的深度渗透,教学环境已发生根本性变革,要求教师不仅具备深厚的专业功底和出色的课堂驾驭能力,还需紧跟时代步伐,积极拥抱新兴教育理念与技术模式。通过持续的专业发展,特别是利用在线平台、数字课程等资源,教师可以有效提升自身的信息技术应用能力,进而创新教学方法、学习路径及教育研究范式,为构建高质量教育体系奠定坚实基础。

然而,在快速发展的社会环境中,生活节奏的加快与生活需求的多元化,对教师的职业价值取向构成了挑战。部分教师可能因过分关注物质利益而忽视了对教育事业的热爱与奉献,导致职业使命感有所淡化,对于信息化教学模式的探索与实践缺乏热情,甚至产生职业倦怠。鉴于此,强化教师的使命感成为提升其信息化教学能力的内在动力。通过激发教师对教育事业的深切认同与责任感,可以促使其主动投身于信息技术与教育教学的深度融合之中,不断探索适应新时代要求的教学模式,从而不仅提升个人专业素养,更在宏观层面推动整个高等教育系统的信息化进程,为培养符合社会需求的高素质人才贡献力量。因此,构建以使命为导向的教师成长体系,对于促进高校教师信息化教学能力的全面发展具有深远意义。

(3)目标导向模式

目标导向模式在高校教师信息化教学能力的发展中扮演着至关重要的内在驱动力角色。首要任务在于深化高校教师对信息化教学内涵的认知层次,促使他们充分认识到信息化教学不仅作为一种辅助工具存在,更承载着超越传统教学手段的诸多优势。因此,需推动教师将信息化与传统教学模式进行深度整合,旨在互补短板,同时借助信息化手段催生教学模式的创新与变革。此外，该模式强调教学实践与教学反思的双重重要性，倡导通过持续的实践探索与深刻的自我省察，来强化教师的信息化教学能力。在此过程中，培养教师的自我成长意识和深化自我发展理念显得尤为重要。这不仅能够激励教师主动投身于自主学习之中，还能促使他们灵活运用信息化教学的多元策略，勇于创新教学设计与实施方式，从而全面提升其信息化素养，显著增强信息化教学的实践效能。

2.外力驱动模式

(1)技术导向模式

技术导向模式在教育领域的实施，标志着教育信息化进程的一个重要里程碑。通过精心设计的网络课程——“云平台”，教育资源的数字化与网络化得到了前所未有的发展。该平台不仅作为教师上传教学资料、课程内容及教学视频的高效渠道，还成为高校教师汇聚、整合并深化专业知识的宝库。借由这一平台，教师能够跨越地理界限，实现对专业信息的精准捕捉与系统化整理，进而通过丰富的网络资源拓宽教学视野，极大地丰富了教学资源库。

构建开放式的教学研讨平台，是技术导向模式下推动教育教学模式创新的又一关键举措。该平台深深植根于生态教育的沃土之中，充分利用现代信息技术的优势，为教育信息化的深入实践提供了坚实的支撑。教学研讨作为提升教学质量不可或缺的一环，在网络平台的赋能下，得以以更加开放、包容的姿态展开。高校教师借此机会，能够跨越时空限制，开展广泛而深入的合作交流，相互学习，共同进步，有效促进了教师专业能力的全面提升。

此外，互动式网络教学平台的搭建，为师生间、同行间的即时沟通与深度互动开辟了新的途径。这种互动不仅增强了教学活动的参与感与互动性，还极大地激发了教师的教学热情与学生的学习动力。在频繁而有效的互动中，教师得以与更广泛的学术交流群体建立联系，不断磨砺自身的教学技艺，同时在互动反馈的循环中深化对专业知识的理解与掌握。平台的多样化协作机制,更是促进了资源的优化配置与共享,为高校教师提供了一个展示自我、相互启迪的舞台。

(2)培训导向模式

高校教师参与信息化培训是研究并加强信息化教学能力建设的一种主要方式。高校要注重教师培训体系的建设,有关部门要健全相应培训机制。从培训方式来看,为适应信息化教学模式,各高校可采取线上和线下混合的培训模式,有针对性地进行教师信息化培训,适应教师专业化成长需要,充分发挥教师在信息化继续教育中的主观能动性;在培训内容方面要经常更新,以保证和教育信息技术的发展速度相一致;在培训人员上,要建立规范化的教师培训机制,对于达到行业标准要求的培训人员要出具认定证书。定期对高校教师进行信息化教学能力培训可以不断更新信息化教学理念,帮助教师开发新型教学资源,促进高校教师信息化教学能力的提高。

教师信息化教学能力的提高有赖于促进教师信息化教学能力的培训。首先,要通过信息技术专题培训来提升教师的信息化理论素养与技能,让教师巧妙地利用现代信息技术进行教学活动;其次,要实施信息技术与课程整合实践训练,促进教师合理地把信息技术融入课程教学中去。多主动地为教师创造进行多样化学习的舞台,例如进行线上与线下相结合的个性化研修、协作学习等。多鼓励广大教师按照自己的研究方向、教学专长自愿建立队伍,开展信息技术与外语数字化课程高效整合的研究工作,探讨新技术下教育教学的规律,在大数据技术的帮助下,挖掘出更加丰富、更加高质量的教学改革与科研活动,进而推动教师信息化教学的实施与信息化教学研发能力的提升。经济全球化与信息化背景下,高校教师应善于充分运用现代信息化技术来开发丰富的教学资源以优化学生的信息化能力与质量,增强学生的信息素养等。

(3)环境导向模式

由于高校教师信息化教学能力培养具有系统性、复杂性、综合性的特点,因此配套工作须协同进行,以形成完整的信息化教学能力培养体系。加强高校信息化教学环境的建设能够帮助教师提高信息化教学能力。一是建立一个完整的教学资源平台，既需要丰富的电子资源库，又需要信息化教学必需的硬件设施。学校应在资金、技术等方面对信息化教学给予保证，使高校教师与学生能更加方便地获取信息资源，这样可以促进信息化教学效果的提高。二是注重高校实施信息化教学的人文环境与外部环境。学校领导、业界专家、同事以及学生的理念、态度与实践等因素都将给信息化教学带来一定影响，有关政府部门应积极推动信息化教学制度不断完善，校方应着力构建信息化教学环境，加快线上教学应用软件及资源库开发与利用，为提高教师信息化教学能力的提升创造良好风气。新的信息化教育方式与传统的教育模式相分离，教师应在教学过程中，遵循"学生主体性发展"的原则，这样一个良好的教育教学环境能够使教师的信息化教学思维更加活跃，最大限度地激发出学生的学习主动性和积极性。

（三）高校教师信息化教学能力的发展机制

1.资源共享机制的构建

（1）高校内部及高校间资源共享机制

高校作为一个集合体，同属于一所高校的归属感和亲近感使得高校内部资源共享更加容易实现。高校内部的资源共享可以依托于其内部系统并建立相应的资源管理部门实现。校内资源共享的关键在于资源的分类，这需要管理资源的相关部门做好前期准备工作，对庞杂的数据进行科学、有效分类。[①]

资源具体可以分为网络公开免费资源、学校购买的校内共享资源以及教师个人收集或制作的资源。首先，对于网络公开免费资源，资源管理部门的主要职责在于识别与推荐。过于庞杂的网络资源涵盖方方面面的内容，

---

①金晶.智慧教育时代高校教师信息化教学能力的发展路径研究[M].南京：东南大学出版社，2023：148.

质量也良莠不齐,这就需要有专业人员进行鉴别并对资源做出简单介绍以达到推荐的导向作用。其次,对于学校购买的校内共享资源,则可以上传至学校信息平台,通过身份识别选择性为校内人员提供共享服务。最后,对于教师个人收集或制作的资源,则应当建立校内人员与资源所有者的联系渠道,为私下协商资源共享提供可能。

高校间的资源共享与高校内部的资源共享机制总体一致,但在细节上存在些许差异。首先,对于网络公开免费资源,同样也以识别和推荐为主。而且高校之间可以联系分工,这样就可以在缓解工作量的同时,以更为专业的技能提升效率。其次,对于学校购买的校内共享资源,可以联合建立互助平台,通过资源共享实现资源的互补。最后,对于教师个人收集或制作的资源,可以通过举办高校间优秀教师的经验分享实现可共享资源推广与应用。

(2)高校与政府间的资源共享机制

政府与高校间的资源共享存在两种机制:第一种机制是政府与高校间资源的直接共享。政府需要推动信息化教学的发展,但缺乏专业的培训体系;高校需要拥有较为健全的信息化教学能力培训资源,但缺乏足够的资金预算开展进一步研究、探索。因而,政府通过出资聘请高校团队进行培训体系设计、研究报告撰写等外包形式,既推动了现有成果的共享共建,也为后续研究提供保障。第二种机制是政府为促进教育公平,但出于高校之间固有资源的差异而在其中扮演桥梁的角色。除上述通过形成公开报告的方式进行先进经验分享外,政府还应当对资源落后的高校进行帮扶。通过建立"先进高校—政府—落后高校"资源共享渠道,实现信息化教学先进高校对较为落后高校的针对性指导。在此基础上,政府应该创新财政管理理念,改革资金的分配方式,使得财政对地方资源与高校运作的效率得以提升;高校和政府部门可以采取一系列的举措,如搭建共享平台、创新管理制度、加强高校和政府部门的合作、提升资源使用效率。

(3)高校与社会间的资源共享机制

高校与社会资源共享机制的建立实则是互促互助的过程。高校通过理论研究提出可行的信息化教学能力培训方案,社会充分发挥市场竞争机制的优势将培训方式转变为实践。换言之,社会机构从高校的研究中获取理论资源,为信息化教学能力培训业务的开设寻求可行性的理论支撑。高校则从社会机构的应用中获取实践资源。一方面,社会机构的实践能够检验高校研究的科学性、有效性,并通过实践反馈机制中的不足,为后续的完善提供思路;另一方面,社会机构也能根据实际情况进行适当调整,然后运用到高校教师培养中来,以帮助更多的教师提高信息化教学能力。在机制上,一是高校之间的公共资源共享,二是高校向经济和社会敞开大门,推进教育公益化,进而推进经济和社会的整体发展。高校具备了先进的教育设施和智力资源,可以利用自身的优势将教育资源实现公益化。各地政府应该对应用型高校的教学资源进行全面整合和优化,并以开放、共享的原则为基础,促进教育资源的公平分配,将高校里好的教学氛围和奋发向上的精神最大程度地发挥出来,从而创造更大的社会效益。

2.师生互动机制的构建

(1)师生课前互动机制

师生的课前互动其本质在于让学生对所要学习的内容有一个初步的了解,从而在正式授课时能够有序顺利地推进。这种互动形式在信息化教学的背景下,便捷程度大幅提升。在信息化时代,重大事件的传播速度呈几何倍数提升,大量新闻事件涌入师生的日常生活。这既为课前互动提供了机遇,也对教师信息化能力提出了挑战。作为机遇,大量事件的发生成为教师寻找合适案例的来源,通过周边发生的事件吸引学生的注意,提高学生的兴趣,从而动员学生做好课前预习工作。作为挑战,一方面教师需要完善自身的信息收集能力,甄别出与学科课程相关的案例;另一方面教师需要不断更新案例,以保证案例与学生的兴趣点相符。

课前,教师能够依据课堂教学的现状对课堂教学中的“学习产出”进行预估,从而建立起课堂教学中学生对课堂教学的整体期望。在网上,教师会安排一些课前的自修与研讨，然后在课前进行批改，对学生的知识要点掌握情况进行总结，并对学生的学习情况进行统计，从而知道学生的学习进展，从而更好地帮助学生解决问题，提升课堂学习的效率。对于学生来说，既要做好预习，又要对较难的知识点提问。课前，学生可以展开自我学习和合作学习，培养主动思考、主动学习的习惯，进而极大地提高知识获取效率。这就是“以学生为中心”的教育理念。

(2)师生课中互动机制

传统的教学方式更加注重教师对知识的传授过程，在课堂上，教师处于主体地位。目前，大多数的教学还沿用着教师强硬传递知识的教学模式，这种教学方式比较枯燥乏味。在课堂上，教师只注重自身所拥有的权力和权威，而忽视了学生所能接受到的知识量。另外，有些教师在运用多媒体课件进行教学时，缺少对创造性教学方式的思考，只不过是传统方式的又一种延续，很难激发学生的学习兴趣，使学生对课程的学习产生抵抗，从而影响到教学的效果，制约着教学水平的提高。

课中是课程教学的核心过程，是学生作为授课群体对课程做出评价的主要依据，而师生互动过程也将直接关乎实际效果。所谓课中互动，即让学生参与进课程教学中，包括教师的授课、学生间的探讨。在教师对学生进行授课时，需要运用信息化工具，采用丰富的形式对专业知识进行讲授。在学生与学生的讨论中，可以采用分组汇报、实时弹幕、互动游戏等形式激发学生的参与兴趣。而在此过程中，教师应该利用信息化平台或工具对学生的讨论进行与学习相关的引导，如通过对学习平台参与时长的考核，避免小组汇报中“搭便车”现象的出现。

课中，教师可利用软件或平台。学生通过“展示—讲解—提问—后测”四个步骤完成对知识的内化和吸收。首先，对学生抽查并请他们进行演示，演示之前所学的知识内容，以推进他们的学习进度，并验证他们的学习成果。其次，学生完成了预习任务，知道了自己所欠缺的知识，因此，他们听课时的注意力会更加集中。同时，教师也可以通过统计数据来预先了解学生的知识水平，以便更好地进行授课。教师可以使用翻转课堂等多种教学方式，来让学生多学、多思考、多提问。然后，学生就课前任务和教学环节提出问题，教师解决问题。最后，在课后测试中查缺补漏，使学生对这节课所学的内容有一个新的认识，并进行课后复习。多种任务驱动方式能使学生课前自主预习，课中主要由学生演示、教师讲评答疑来促进学生学习积极性，从而提升学生的学习热情，提升他们的课堂参与程度，让他们对知识点的了解更加深刻。

(3)师生课后互动机制

课后的互动更多表现为学生向教师的反馈，这种反馈一是学生将自身学习情况通过作业等形式向教师展示；二是学生基于自身的听课体验对教师的教学方式、教学内容、教学速度等提出意见，从而为教师后续课程的教授提供调整方向。信息化教学使得教师可以通过网络平台进行作业布置，限定截止日期能够起到督促学生的作用。其次是学生根据自己听课的体验对教师的教学方式、教学内容和教学速度提出建议，为教师以后的课程教授提供一个调整方向。同时，教师也能通过网络平台及时将批改意见传达给学生，给学生答疑解惑。

3.教学培训机制的构建

(1)教学培训内容的确定

教学培训是提升教师信息化能力的有效途径，通过一系列技能的传授以帮助教师更好地将信息化工具运用于教学中。但是，不论是从学校、学院或是从教师个人，其自身具备的信息化能力都各不相同，对于信息化能力的培训需求也不同。因此，在培训前期确定培训目标、培训需求，进而制定针对性的培训内容显得尤为重要。了解培训需求的途径众多，包括问卷调查、一对一访谈、学生评价等。

(2)教学培训形式的选择

在确定培训内容的基础上，可以对具有同样培训需求、内容的教师进行分组，并依据培训组别的特点选择适合的方式进行培训。如对于在观念上尚未接受信息化教学的教师，其培训方式可以通过让其先作为授课对象体验信息化教学，再让其作为授课者体验信息化教学，从两个视角让其感受信息化教学的优越性。

(3)教学培训效果的反馈

教学培训效果的反馈包括两方面内容。首先是教师自身培训情况的反馈。教师在参与培训前，针对不同教师，其培训需求是不同的。虽说培训机构会基于此对培训内容进行设计，但现实中很难做到培训需求与培训内容完全一致。那么，教师能通过培训提升多少信息化教学能力、满足多少信息化教学培训需求，是有待进行测度的。同时，这种测度也应该包括信息化教学能力的运用。其次是受培训的教师对于培训过程的反馈。如同师生互动中，学生反馈是必不可少的环节。信息化教学的过程中，教师作为培训对象，也应该及时与培训者沟通，在表达自身需求意愿的同时，也帮助培训者完善培训机制。

4.学科协同机制的构建

(1)同学科的跨机构协同

同学科的教师对信息化能力提升的培训具有一定的趋同性，而同学科的跨机构协同能够促进专业领域的资源整合，形成具有专业特色的培训体系与信息化教学方式。因而同学科的跨机构协同更多表现为具备专业特色的信息化教学经验的交流。此外，具有相同学科的知识储备，可能在授课内容、教学方式或者工具的选择、信息化应用等方面存在共性难点，使得同学科的跨机构交流、协同的门槛更低。对于这些难点，各机构探索重点不同、探索进程不同，这就为优势互补提供了可能。机构之间学习彼此所长、补自身所短，实现专业领域信息化教学能力的集零为整。在现实中，可以由专业领域的协会协同高校举办经验分享会、教学比赛等，政府则予以一定的资金支持。

(2)同机构的跨学科协同

教师信息化能力的培养不是单一学科的培训就足够的。虽然同学科的协同能够彰显专业特色,更便于信息化技术应用于专业领域的教学中。但就学科构成来说,信息化教学是教育学、计算机科学以及专业学科的多学科复合体,因而同学科的协同需要以跨学科的协同为基础。简单而言,跨学科的协同机制如下:首先,教师结合自身专业领域的授课特点,对自身信息化能力的提升目标进行总结,并转变为具有明确指向的需求。其次,教学相关研究部门根据教师信息化教学能力提高的需要,确定后续培训内容或教学软件框架并与教师进行核实,在此基础上将其系统化转变形成可行方案。再次,培训部门或自行组织,或聘请机构对培训方案进行落实。计算机科学部门则负责将教学工具方案落实。最后,跨学科部门之间对落实难点、不足之处进行讨论协商,从而达成满意的结果。

5.组织保障机制的构建

(1)制度与基础设施保障

提高教师的信息技术水平,需要有良好的组织体系和硬件条件。制度可以为培养信息化教学创新素养提供一个相对明确的标准支持,可以促使教师强化自身对信息化教学创新素养的培育,换言之,健全的制度能够保证创新素养的培养在更为有利的条件下顺利进行。在制度方面,高校需要制定鼓励教师应用、探索信息化教学的章程,激发教师对于信息化教学的积极性,削弱其对于信息化教学的抵触心理,避免教学中的路径依赖;高校还需要制定有关定期培训教师信息化能力的章程,既能避免教师想提升而无处培训的状况,也能避免培训如期举办但无教师参加的情况。由于高校教师信息化教学能力发展具有系统性、长期性、复杂性和综合性等特点,所以为了构建一个完善的信息化教育培训体系,需要各种辅助工作协同推进。信息化软件和硬件都是信息化建设的关键环节。在基础设备方面,高校需要保证培训所用设施的多样性,因为高校之间本身具有较大差异性,难以保证引进的设施、方案一定适用,这就需要在培训期间拓宽信息化教学设施的适用范围。此外,在找到适用的基础设施后,高校也需要大量引进设施以保证教师日常教学的正常使用。

(2)培训流程运作保障

培训流程的有效运作是确保教师信息化能力提升的关键所在,因此,组织需构建一套全面而稳固的保障体系以支撑其持续运行。资金保障作为基石,不可或缺,它不仅涵盖了聘请高水平培训团队的费用,也包括了购置先进培训设施与设备的开支,确保培训活动能够顺利开展并达到预期效果。制度保障则为之提供了坚实的框架,是培训规范化、系统化的重要支撑。

进一步而言,应用保障是培训成果转化为实际效能的关键环节。培训不应仅停留于理论知识的传授,而应鼓励并促进教师将所学技能应用于教学实践之中,实现知识与能力的有效对接,从而真正完成培训的目标与使命。在此基础上,再生保障机制的构建显得尤为重要。高校通过实施信息化教学能力培养等措施,不仅提升了教师的专业素养,也增强了学校的整体教学实力与公信力,进而能够吸引更多优质教学资源的涌入。这些资源在被有效整合与利用后,又可反哺于教师的信息化能力提升,形成一个闭合且自我强化的循环体系,为培训机制的持续优化与升级提供了源源不断的动力。

对于高校而言,构建并优化一个集培训、支持与创新于一体的综合性平台,是提升教师信息化创新能力的重要举措。首先,需打造一个专业化的培训平台,为教师提供一个集中学习、交流与实践的场所,以系统化、针对性的培训促进教师信息化教学创新素养的培育。其次,平台的完善与升级同样至关重要。这既涉及硬件设施的更新换代,也包括专业师资队伍的组建与扩充,以及丰富多样的培训资源的整合与共享。同时,通过加大宣传力度,提升平台的知名度与影响力,能够吸引更多教师积极参与,进而形成一个活跃、高效、持续创新的生态系统,为教师的信息化教学创新提供强有力的支撑与保障。

(四)高校教师信息化教学能力的发展路径

1.内在驱动模式的发展路径

内在驱动模式的发展路径组合主要建立在自我调节的基础上。内在驱动是在需要的基础上产生的一种内部唤醒状态或紧张状态,表现为推动自身活动的进程,以达到满足需要的内部动力,该路径模式主要建立在自我调节的基础上。人类的行为受到环境、行为、个体以及其他多种因素的相互作用,其中最重要的因素之一就是个体内部推动行为的力量。美国认知教育心理学家奥苏贝尔认为内驱力可以分为三种:认知内驱力、自我提高内驱力和附属内驱力。认知内驱力强调个体渴望理解和掌握知识的一种需求。自我提高内驱力是一种通过自身努力,胜任一项工作,做出一定贡献,取得一些成就,赢得社会地位的需要。附属内驱力是为了获得外界的赞许和认可,表现出来把学习和工作做好的需要。因此,在教育活动中,自我管理则是自我效能的一种典型体现。教师信息化教学能力的培养也可以通过内在驱动的成长路径,以增强信息化教学意识和终身学习意识、激发信息化教学需求、开展信息化教学实践、强化教育反思能力等手段实现。

(1)增强信息化教学意识,积极主动进行角色转换

信息化教学不仅涉及利用信息技术作为教学辅助工具,更关键的是它促使教师在教学理念上发生角色的转变。在这种教学模式下,教师的角色从传统的知识传递者转变为学生学习的指导者、合作者,教学资源的创新开发者,以及课堂活动的引导者和信息化教学实践的积极参与者。教师角色的这种转变是信息化教学能力提升的必要条件。教师的自我发展追求是其专业成长的核心。当教师对提升教学技能抱有持续的追求,并对信息化教学保持热情,乐于在实际教学中运用信息技术时,他们的教学成效将显著提高,进而使学生受益。

信息化教学强调以学生为中心的学习方法,鼓励学生通过实践学习。

因此，教师在教学过程中不仅要实践教学，还要在实践中思考。通过识别和及时解决教学过程中的问题，教师可以丰富和深化自己的教育经验，实现从实践到反思再到实践的螺旋式成长，从而不断提升教学能力。

(2)树立终身学习的意识，积极主动探索信息化教学

终身学习是高校教师提升信息化教学能力的内在驱动力，也是高校教师最重要的品质之一。高校教师应该积极地去学习，去探究新技术在今后的教育中得到更多的运用。教师信息化教学能力与终身学习有着密不可分的关系，教师只有建立起终身学习的意识，才能够在教学实践过程中独立地学习新知识和新技能。教师要结合自身特点及学科背景制定出符合信息化教学的学习计划及目标，如教学设计、知识点分割、视频制作与资源整合等，逐步提高自己的能力。有一定信息化教学能力的教师要在实际教学中发现问题并记录在案，对自己能力较弱的部分自主筛选学习资源并强化理论与实践。

在理论学习方面，高校教师要持续地学习并更新自己的专业学术知识，与学科前沿保持同步，不断地提高自己的专业知识水平，同时也要持续地学习与教育学、心理学以及教育技术有关的理论，为自己的职业发展奠定扎实的理论基础。在理论研究中，还包含了对5G等新技术的理解和认识。对于高校教师来说，对前沿技术的研究是一门必不可少的课程，在对5G、大数据、云计算、人工智能、区块链等前沿技术有一个初步的认知和理解后，就可以将其与教学融合在一起，并将其运用到教学和研究中去。

在实践学习方面，高校教师也可以进行各种信息化教学实践，提高自己的教学水平。例如，在平时的课堂教学过程中，对慕课、翻转课堂、混合式教学等各种教学方式进行尝试，利用超星泛雅、蓝墨、雨课堂等智能教学平台，积极参与到国家级、省级、校级教学资源建设当中。学生也要在实践中不断深化自己对信息技术的认识，并提高自己应用信息技术的能力。

(3)激发信息化教学需求，发掘内在学习动力

社会信息化为高等教育机构的教学信息化提供了有利的外部条件和推动力。从社会信息化向高校教学信息化的转变，要求学校将外部推动力转

化为内部动力。激发高校内部对信息化教学的需求,并寻找其内在发展动力,是促进教师信息化教学能力提升的关键初始步骤。教师应主动探索本学科领域信息化教学的潜在需求,将对信息化教学的理解从社会层面深入到专业层面,并基于个人需求,积极探究信息化工具在教学中的应用潜力。

在大数据时代背景下,教师不仅是信息化教学的组织者和领导者,而且优秀的教师是高校最宝贵的资产。这要求教师不仅具备高效的信息技术能力,还应具备数据挖掘和分析的技能。此外,教师还应具备敏锐的洞察力,以提高信息推理技巧和知识整合能力。在教学实践中,教师应具备对条件性知识、本体性知识和实践性知识的储备能力。

(4)转换教学设计范式,积极开展信息化教学实践

作为教师核心专业技术之一的教学设计技术,通过"分析—战略—评估"三个步骤,为确保教学目标和手段的一致性提供了必要的技术支持。在信息化时代,教学设计技术对课堂教学变革具有重要作用。过去,传统的教学设计实践常常依赖于教师的教学经验和价值判断,以实现对学生特征和教学内容的深入解析。在此过程中,由于缺少对学习情境及其相关要素科学有效的认知分析以及相应的策略指导,使得教学活动难以形成共识,无法达到预期效果。这类教学设计实践常常呈现出明显的个体经验性,缺乏教育心理学的理论基础和直观数据支持,从而难以清晰地观察到学生在教学过程中发生的实质性变化。在现代教育的背景下,智能传感器通过采集学生海量学习数据,并运用多种人工智能算法对系统进行数据分析和处理,最终生成了一张学生的可视化画像和群体分级推荐等相关信息。同时,借助网络技术将分析结果反馈至系统后台,实现对课堂内外的实时监控与调整。根据学生的个性特征和能力基础,自动构建个性化的知识图谱,并为教师和学生提供量身定制的教学路径。因此,智慧教育环境是对传统教学模式进行改革创新的一种有益尝试。

(5)强化教育反思能力,积极促进实现自主学习

在人类理性范畴内,可辨识出两种主要类型:一种是工具理性,另一种是价值理性。在当今信息化时代背景下,教学设计技术对于课堂教学的革

新发挥着至关重要的作用。工具理性侧重于现实效益的追求和技术的实际应用,而价值理性则聚焦于人类生命的意义和精神层面的探索。教育作为一种社会活动,旨在塑造学生成为社会所需的、具有完整个性的合格公民。在教育实践中,工具理性和价值理性应当实现辩证的统一,寻求二者之间的平衡至关重要。

在现在教育的领域中,教师面临着在工具理性和价值理性之间找到平衡点的挑战。他们必须充分认识到价值理性在学生生命意义和精神存在方面的重要性,并致力于成为促进学生全面和谐发展的引导者。教师应深入反思智能技术在教学中的应用是否偏离了教育的核心价值,并以理性的方式关注学生的价值取向,培养他们具备“以人为本”的品质。同时,教师需要审视自己作为教育者与受教育者之间的角色定位,明确自身的责任,以确保自己能够成为一个有道德责任感且能承担教育使命的人。

最终,教师必须通过持续的实践来检验其反思成果的合理性,以避免在理性反思过程中产生偏见和粗浅的见解,从而实现其专业成长的目标。

2.外力驱动模式的发展路径

社会环境的外力驱动影响着学生的行为。当学生在社会环境或活动中获得满足时,他们倾向于与学习环境产生积极的互动,进而促进高质量的投入。从社会学视角分析,教育改革是一个持续整合现有资源并创造新条件的过程。这一过程打破了传统的“自上而下”路径依赖模式,促进了个体主动探索和创新意识的觉醒,展现出一种由外部力量推动的向上发展趋势。因此,在教育实践中,外部环境的激励措施,如明确教师信息化教学能力的结构体系、建立信息化教学设计能力提升系统、搭建信息化教学整合能力提升平台、创建信息化教学能力发展性环境、完善信息化教学能力考评激励制度等,能够有效地深化教师对教育信息化的理解,满足教师个人的学习需求,激发教师进行教学反思,丰富教学内容,并积极参与培训活动,从而有效提升教师信息化教学的能力水平。

（1）明确教师信息化教学能力结构体系

教师具备良好的信息化应用能力，是推动教育数字化发展的前提和关键。信息时代的教育不同于以课堂讲授为主的常规教育，教学和学习都呈现出新的规律和特征。它不仅对学习环境和学生提出了新的要求，而且对传统教师的能力结构也提出了挑战，需要具有新的能力素质的教师来保证教育目标的实现。因此，教师能力结构的变化是信息时代教育发展的必然需要。为了顺利地适应角色的转变，成功地扮演好各种新角色，高校必须进一步明确信息时代教师必须具备的能力结构体系。教师的能力结构应该既具有相对稳定性，也应该具有顺应社会发展的动态性。

（2）建立信息化教学设计能力提升系统

构建多元化的高校教师信息化教学设计能力提升系统，可以有效地促进高校教师教育信息化能力的学习和提升的机会，助力高校教师教学设计能力的不断更新，提高信息化素养和水平。高校应强化顶层设计，构建提升教师信息教学设计能力的提升系统。开展多层次的教师教学设计能力培训活动，培训活动是指针对高校教师教学信息化设计能力的具体内容和项目进行的有组织有计划地学习和训练过程，涵盖基础性、专业性、前沿性等多个方面，满足不同层次、不同专业、不同需要的高校教师。同时，形成多主体的教学设计能力培训模式。突破传统的单向灌输式或单一授课式，形成多主体参与协作式或多元互动式，充分发挥政府部门、行业组织、专家学者、教育机构、教师团体、教师个人的作用和优势，实现资源共享、经验交流、知识创新、能力提升的目标。

（3）创建信息化教学能力发展性环境

根据可持续发展与动态调整相结合的教学思路，学校应营造信息化教学的良好环境。为信息化提供软硬件支持。学校有必要建设校园有线或者无线网络，建设信息化教学所必需的智慧教室，装备数字化教学实训平台和必要的教学资源库，为各学科、专业信息化教学提供支撑。对优势学科采用信息化手段开发优质教学资源，使学校内部形成信息化教学良好环境和良好氛围。

一方面,要实现多主体协同,高校信息化基础环境建设仅靠高校自身的力量是难以实现的,必须借助社会多方的力量来实现。在5G教育背景下,如何构建基于人工智能、大数据和云计算的教学信息系统是一个非常关键的环节。要实现这一目标,必须全社会共同努力,提供大力支持,并且要注意信息化和教育的深度结合。在此基础上,管理部门要给予相关的政策引导,加大资金投入力度,并制定技术规范和标准。高校和企业之间合作可以提供更多的教育应用服务,使高校教师能够更多地了解到新兴技术,并利用这些信息技术进行更加丰富的教学活动,从而提高他们的信息化教学水平。

另一方面,良好的信息化教学环境是需要资金保障的,大学信息教育环境也需要紧跟时代潮流。最近几年,许多大学都在不断地加大对教育资源的开发力度,并且适度建立了一些智慧教室,以互动型和研讨型为主。然而,因为信息化基础设施的投入较大,所以,高校必须对信息化基础设施建设给予足够的资金支持,并对其进行合理的资金预算。

(4)搭建信息化教学整合能力提升平台

平台可从课前、课中、课后三个方面开发建设。课前主要由教研室组织,采用教研室集体备课等方式对信息化教学工具运用进行讨论。课上以教学系部为主,对系部信息化教学进行观摩和探讨。课下以校为主,开展校内信息化教学比赛观摩活动。采用分层次、有针对性地建设信息化平台等措施,提升教师信息化教学能力。现代化教育过程中,录播教室给教师提供了专用数字化平台,能够将教师的教学活动全方位地、完整地记录下来,让教师可以从课前、课中、课后三个角度,对课堂上的授课内容和形式进行持续改进。通过录制课堂来实现符合国家要求人才的全面培养,已经有越来越多的院校把录制课堂纳入了校园规划建设中。专题化、系统化微课建设依靠录播系统。在微课制作方面,各院校可建立合适的录播教室,加大录播教学的培训和调研力度,加大优质课程录制硬件的投入,尽可能为更多教师服务。录播教室的构建对教育信息化、教育公平和助力优质教育资源共享具有重要意义。

(5)完善信息化教学能力考评激励制度

除了推进信息化硬件基础设施建设外,高校还需进一步完善与信息化教研相关的一系列考核激励机制,以形成相互促进的外部合力,从而推动高校教师不断提升自身能力水平,让他们在信息化教学方面得到更好的发展。例如,要对教师开展信息化教学改革,要申报制作国家级、省级、校级精品资源共享课,并在资金上予以扶持。建立一个科学的考核机制,可以帮助高校教师提高自己的信息化教学能力。学校应将信息化教学能力作为教师考核的重要依据。通过建立评价标准对教师教学能力进行有效评估,在年度绩效评估、职级评定、专业职称评估、优先级评估等方面融入信息教学有效性评价。另外,学校信息化教学竞赛、微型课堂竞赛以及网络空间建设评估也可以经常开展,作为评价教师教学能力的一个重要标准。

第二节 高校信息化教师队伍建设途径

一、多元化发展模式的采纳与推广

在高等教育信息化进程的推进中,教师队伍的信息化构建显得尤为关键。这一过程中,应着重关注信息化发展模式的多样性,以及信息化教学手段的高效融合与应用。具体而言,需探索不同学科领域与信息技术的深度融合路径,如将信息技术融入人文科学、自然科学乃至生命科学的教学之中,通过图像、动画、音频、文本及视频等多媒体元素的综合运用,丰富课堂教学形式,从而打破传统教学模式的局限。利用网络技术、信息技术及通信技术的最新成果,创新教学方法,实现教学方式的多元化,以满足不同背景、不同层次学生的学习需求,促进个性化学习的发展。

通过促进信息化教学中各参与角色的动态转换,可激发高校信息化队伍建设的创新活力。高校应鼓励并引导教师从传统的知识传授者转变为信息技术的积极传播者、参与者和共享者,以此提升学生的主动学习意愿,增强课堂互动,实现教学内容的深度解析与有效吸收。这种角色转变不仅缩短了师生间、生生间以及学生与教材间的距离,还促进了知识与实践的紧密结合,为学生成长为适应社会需求的复合型人才奠定了坚实基础。

此外,鉴于高校教学内容的专业性和科学性特征,以及高校人才培养的专业化、梯队化要求,教师应充分利用信息化教学手段,拓宽教学视野,不仅局限于专业知识的传授,更要注重培养学生的跨学科、跨专业学习能力,提升其综合素养,为培养社会所需的通用型人才贡献力量。

二、信息化教师职业生涯规划的完善与实施

在高校信息化教师队伍的建设过程中,科学规划教师的职业生涯发展路径是核心环节。这要求高校教师深入自我剖析,结合个人职业目标与学校发展愿景,制定切实可行的信息化教学职业生涯规划,并据此实施课堂教学改革计划。高校应建立一套完善的信息化人才培养机制,明确教师的教学任务,制定信息化教学的发展蓝图,以减轻教师对信息技术的陌生感和抵触情绪,促进其积极拥抱信息化教学变革。具体实施步骤包括:第一,增强教师对信息化教学的认知,明确其在教学改革中的重要地位;第二,基于个人发展意愿与学校实际需求,确定信息化教学的发展方向和具体目标;第三,建立科学的信息化教学评价体系,确保教学质量的持续提升;第四,选择适宜的信息化教学手段,设定明确、可达成的教学目标;第五,制定并执行长期有效的行动计划,确保规划的有效落地;第六,强化课堂教学的执行与反思,不断优化教学策略,提升教学效果。这一系列措施的实施,有助于教师形成清晰的信息化教学规划与目标,使教师的信息化教学实践更加有目的性和主动性。

三、系统化信息化教学培训的强化与实践

在教师进行职业生涯规划与信息化教学规划的基础上,高校需通过系统化的培训进一步提升教师的信息化教学能力。构建全面的培训体系时,应明确培训的重点,包括信息技术的培训重点、教学目标与考核标准、培训

管理与保障机制等。培训内容应紧跟信息技术的发展趋势,采用多样化的培训形式,确保课堂教学的信息化、现代化与科学化水平。

第一,实施高效的岗前培训。鉴于当前高校岗前培训内容往往滞后于信息技术的快速发展和社会需求的不断变化,高校需重新审视并更新岗前培训大纲,加强信息化教材的理论研究与开发,确保培训内容既符合社会需求又贴近学生实际。同时,高校领导与教师需深刻认识信息技术的重要性,共同推动岗前培训教材的革新,实现培训的精准定位。

第二,构建教师交流平台,促进教学经验的共享与提升。课堂教学虽具有一定的封闭性,但教师的成长离不开对外交流与合作学习。高校应定期举办专题讲座,邀请行业内外优秀教师分享成功经验,组织教师观摩学习,拓宽教学视野。同时,建立线上教学论坛,鼓励教师分享教学心得、交流信息教学素材,形成良性互动的学习氛围。此外,通过教学评估与互评机制,促进教师之间的相互监督与共同进步。

第三,丰富教学资源,提升教学资源的多样性与实用性。信息化资源的海量与多样性为课堂教学提供了无限可能。高校应根据教学需求,建立信息资源库,整合优质教学资源,供教师学习与借鉴,以发现并改进教学中的不足。同时,鼓励教师根据个人教学理念、教学手段及课程设计,自主构建信息资源网站,便于资源的共享与交流,促进教师间知识的互补与融合。

第三节 移动信息化下的高校教师队伍建设

一、移动信息化下的高校教师队伍建设环节

(一)融合信息化泛在学习模式于高校教师队伍建设

在高等教育快速发展的时代背景下,高校对于复合型教师的需求日益增加。为有效应对这一挑战,将高校教师队伍建设与传统教育模式相结合,探索信息化泛在学习模式的应用,成为提升教师队伍建设效率与质量的关

键路径。泛在学习，亦称普适学习，强调在信息技术环境的支撑下，实现学习的持续性、可获取性、及时性、交互性、协同性以及教学行为的场景化和学习内容的碎片化。移动互联网技术的普及，极大地降低了泛在学习实施的难度，使得教师能够通过移动设备随时随地获取图文、音视频等多样化的学习资源，进行深度沉浸式学习。同时，通过评论、留言、弹幕等即时通信工具，教师与培训者之间能够实现双向、立体的多元互动，增强了学习的参与度和有效性。此外，泛在学习模式鼓励在生活场景中触发学习机会，促进即时学习行为的发生，从而满足教师自我发展的多元化需求。因此，高校教师队伍建设应充分利用移动互联网技术和终端设备，构建线上线下融合的学习模式，打破时间与空间的限制，实现教师个人成长与职业发展的最大化。

（二）构建多维度高校教师队伍建设平台

传统的高校教师队伍建设方案多侧重于线下培训，存在理论与实践管理粗放、沟通效率低下、个性化学习缺失等问题。为克服这些局限，移动互联网技术的引入为构建多维度高校教师队伍建设平台提供了可能。具体而言，高校可依托区域智能教育云平台，实现与合作企业、行业协会、科研机构等外部资源的远程协作，拓宽教师队伍建设的参与面和视野。智能在线学习平台的建立，则为教师提供了个性化的学习管理空间，包括选课、排课、课程考核等全流程的数据追踪与反馈，以及与企业导师的一对一交流和学习小组的合作学习，促进了学习效果的显著提升。此外，教育大数据分析管理系统的构建，基于高效能云计算和大数据中心，通过对教师学习过程中的海量数据进行挖掘、分析，为教师提供精准的教育分析服务，助力教师队伍建设的优化与升级。这一平台化的建设策略，不仅提升了教师学习的系统性和针对性，还增强了教师队伍建设的科学性和有效性。

（三）优化资源配置，构建共享开放机制

教育资源分布不均衡是长期制约高校教师队伍建设的一个重要因素。

移动互联网技术的广泛应用,为打破这一瓶颈提供了有力支撑。通过移动互联网的互联互通特性,高校可以跨越地域限制,与行业内的专业技术资源或教育资源丰富的企业建立合作关系,利用云计算、区块链、数字孪生、人工智能、物联网等前沿技术,实现课程、培训导师、研究成果等资源的共享。这种跨地区的线上合作模式,不仅丰富了教师队伍建设的资源库,还降低了资源获取的成本。同时,高校应加大对教师队伍信息化、智能化、数字化建设的投入,与合作企业共建开放式的课程资源库和移动互联网教育教学平台,提供便捷的远程学习支持服务,形成共享主体协同参与的高校教师队伍建设联盟。这一机制的建立,有助于优化整合各方资源,激发数据资源的潜在价值,避免重复建设,提高学术资源和人力资源的利用效率,降低高校教师队伍建设的总体成本。

在移动信息化背景下,高校教师队伍建设面临着前所未有的机遇与挑战。通过融合信息化泛在学习模式、构建多维度平台建设、优化资源配置并构建共享开放机制,可以有效提升教师队伍的综合素质和教学能力,为高等教育的持续健康发展奠定坚实的基础。这不仅是对传统教师队伍建设模式的创新与突破,更是对未来教育发展趋势的积极响应与准备。高校应紧抓移动信息化带来的发展机遇,不断探索和实践,以科技赋能教育,推动高校教师队伍建设迈向新的高度。

二、移动信息化下的高校教师队伍建设路径

(一)教学资源的深度整合与优化

教学资源的有效整合是构建移动信息化高校教师队伍的基础性工程。移动互联网技术的应用,不仅革新了资源获取与利用的方式,还极大地丰富了资源的内涵与外延。在资源获取层面,应采取多元化策略:一方面,充分利用国家级数字教学服务平台,整合地区企业、行业协会及校内资源,构建分级管理、人机交互的学习生态系统。通过VPN管理与IPV6网络架构,实现教育资源的开放共享,鼓励多方主体参与资源的搜集、上传与共享,促进

知识跨界融合，增强资源的全面性与实用性。另一方面，在资源内容上，需兼顾高校教师的学习需求与企业导师的教学需求，以及教科研辅助人员的研究需求，引入视频、音频、图像、动画乃至虚拟现实、增强现实等多媒体资源，以满足学生多元化的感官体验，提升学习效率与效果。

在资源提取与利用环节，应注重实用性与易用性的双重保障。首先，培训内容需紧密贴合高校教师个人成长需求与高等教育发展趋势，融合合作企业的专业性与前瞻性，确保培训课程的实用价值。其次，通过对教学资源库进行科学合理的分类与标签化管理，利用自打标签、管理方标签与大数据智能标签技术，建立多维度标签体系与高效搜索机制，便于用户快速定位所需资源，提升资源使用的便捷性。

（二）构建高效稳定的师资培训团队

针对传统师资培训团队组建中存在的流动性大、稳定性差等问题，移动信息化技术提供了破解之道。通过线上合作模式，与跨区域合作企业签订线上师资培训协议，依托全国教师教育网络联盟，利用远程教育手段，构建涵盖高校、企业、行业协会、科研机构等多方主体的名师资源库。该库应包含国家级教学名师、优秀教育工作者、教书育人楷模等，形成师德模范团队与教育教学研究团队，同时吸纳产业行业领军人才，实现师资力量的高端化与多元化。

此外，应实施动态管理机制，建立严格的引进与退出机制、绩效考核体系，以及师培督导系统与沟通交流平台，确保师资团队的稳定性与教学活动的连贯性。移动信息化技术的应用，还为师资培训团队提供了强大的技术支持与后勤保障，有效解决了移动教研、在线学习、数据分析、安全保障等环节的难题，为校企联合培训团队的高效运作奠定了坚实基础。

（三）创新培训教学模式以适应移动信息化时代

移动信息化技术的普及，要求高校教师队伍建设必须紧跟“移动互联网+”的教育发展趋势，革新传统教学模式。通过利用已建成的信息化教学资源中心，整合多样化资源，实施精细化教学设计。培训前，企业导师可利用移动互联网平台发布课程框架、目标、重难点，促进师生有效沟通，定制个性化培训方案。教学过程中，结合一线工作场景，采用MOOC、微课、视频直播等多种形式，探索嵌入式、社会化互助式、线上线下混合式等新型教学模式，提升培训的互动性与实效性。同时，利用大数据与人工智能技术，为导师提供动态学情分析，支持精准教学。培训后，提供数字化线上跟踪服务，延长教学周期，实现培训体系的闭环管理。

（四）完善培训评价体系以支撑教师队伍建设

评价体系是移动信息化下教师队伍建设的重要支撑点。一个完善的评价体系应能全面反映教学双方在知识、技能、态度等多层面的发展。移动信息化手段的引入，为评价体系的完善提供了新路径。首先，应实现评价主体的多元化，邀请行业专家、学科带头人、企业及第三方机构等多方参与评价，增强评价的全面性与客观性。其次，丰富评价形式，利用移动信息技术的互动特性，如留言、看板、弹幕等，激发评价参与性，同时结合人工智能技术进行过程性与诊断性评价，提供针对性建议。最后，改革评价标准，打破单一评价体系，将教师的信息化素养、能力结构、创新意识、职业发展态度等多维度指标纳入评价体系，通过深度数据挖掘与分析，构建全面、立体的评价标准体系，为高校教师队伍的持续发展与优化提供科学依据。

第六章 高校教学信息化建设应用

第一节 网络教学系统的应用建设

一、网络环境的建设

教育城域网的网络环境按其应用功能可分为四类:一是用于办公,如教师备课、文件上传下达等:二是用于通信,以网站为代表,融合了BLOG等技术;三是用于资源管理,现实情况是高校建设时,往往买了资源库,却没有本地资源进入,只能所购买资源库一年一两次更新,无法与教学形成互动;四是用于视频教学,真实记录课堂教学全过程,并对此进行录播、直播和刻录输出,实现资源共享,教学评估,教师培训。

二、教学平台的建设

当今,网络和计算机技术的发展,为教育发展提供了技术支持,迅猛发展的现代教育技术提供教学模式改革所必需的技术支持手段,这种新的技术手段就是网络教学平台。从广义上来看,网络教学平台是指将网络技术作为构成新型学习环境的有机因素,充分体现学生的主体地位。不管哪种定义,网络教学平台不排斥传统的教学方式,它的教学活动组织要在传统的课堂、网络等方面同时展开。网络教学平台的发展其意义在于能够打破封闭的教育环境,进而建立一种开放的教学与学习环境。它改变了那种以教师为中心的教育观念,实现了以学生为中心,使教学成为在教师引导下交互式的双向活动。教师的角色由原来处于中心地位的知识的解说员、传授者转变为学生学习的指导者、帮助者、促进者。

高校可利用传媒与通信技术构建网络教学平台，开展网络教学活动。主要有电视远程教育系统，Internet教育系统，以卫星传输为主、互联网传输为辅的教育系统，双向HFC有线电视网络现代远程教育系统，视频会议系统等多种形式。

三、教学资源库的建设

教学资源是指支持教学的相关资源，大致分为教材、支持系统和环境，甚至涵盖一切有助于教学活动的任何事物。教学资源数据库是教学资源库的核心。它分为三个层次，最底层是媒体素材库及索引库，在此基础上，还有积件库、课件库、题库、案例库及相应的索引库，最上层是网络课程库和索引库。

四、网络与多媒体课件开发

(一)网络课件的开发

网络课件的质量，不仅取决于制作课件的技术水平，还取决于教学内容的质量、学习内容的表现形式、学习方法的合理运用、学习策略的具体实施等因素。同时，开发网络课件需要运用教育学、心理学、计算机科学、美学和各专业学科等多方面的知识。因此，最好进行合作开发，以提高开发速度和开发质量。

第一，课件的交互性。网络课件应该是最明显的“双主模式”的一种体现。因此设计课件时，就应该考虑教师与学生之间、学生与学生之间的交互。表现的知识应该是可操纵的，而不是教材的电子搬家。第二，界面直观友好。软件界面要美观，符合学生的视觉心理；操作要简单。第三，创新能力培养。学生在学习过程进行积极的思考，而不是处于被动接受知识状态，从而培养学生自主学习的能力和创新能力。第四，科学原则。教育软件中所要表达的知识要具有科学性，措辞要准确，行文要流畅，符合知识的内在逻辑体系和学生的认知结构。第五，教学设计原则。要重视教学设计，即要注意分析学生的特征、教学目标和教学内容的结构，要设计符合学生认知心理知识表现形式、能够有力地促进主动建构知识意义的学习策略。第六，网络安全性的问题。由于课件在网络上运行，必须重视网络的安全保障，可为网络安装监控和防护措施。第七，安全备份问题。对网络课程应该及时做好备份。

（二）多媒体课件的开发

目前，教育正在走向信息化、现代化。多媒体技术、网络技术已经为越来越多的学校所采用，成为教育教学的支撑技术。教育技术的现代化正在改变着教学手段、教学方法，势必带来教学内容、教学观念的更新，教育教学的改革势在必行。多媒体课件的开发对于教育教学改革起到了很大的推动作用。

多媒体课件是一种根据教学目标设置的表现特定教学内容和反映一定教学策略的计算机教学程序，它可以用来存贮、传递和处理教学信息，能让学生进行交互操作，并对学生的学习做出评价。

多媒体课件的开发与一般计算机应用软件的开发过程大致相同，都要运用软件工程的技术和方法。但由于多媒体课件是面向教学过程的，因此，多媒体课件的开发并不完全等同于一般计算机应用软件的开发，需要充分考虑多媒体课件的特点、应用的教学情况，并在现代教育思想和教育理论的指导下，遵照科学的流程才能使开发的多媒体课件符合教学规律，取得最好的教学效果。

五、精品课程的建设

（一）精品课程建设的原则

第一，课程体系要符合科学的发展规律和教育的认识规律，并有创新。

第二,课程要有坚实的学术研究基础,是教与学切磋相长的荟萃。第三,课程要在理论与实践、基础与新知、知识与技能等方面有合理的布局和设计。第四,课程要在理论体系的高度顾及先行和后继课程的相关内容,有温故,有铺垫,有延伸。第五,课程要具有鲜明的时代气息,既有回顾,又有前瞻;既有反思,又有创新。第六,课程要融知识传授、能力培养、素质教育于一体,通过教学相长,启迪学生探索求知的热情,引发他们奋发向上的精神和自强不息的品格,达到深远"效果"和宽广"辐射"。

(二)精品课程建设的对策

1.确立科学合理的指导思想

精品课程建设的核心理念在于,通过打造一批高质量的课程典范,引领并促进全校乃至更广泛范围内课程体系的整体优化。这一过程中,应秉持先进的教育理念,倡导以学生为中心的教学模式,注重培养学生的自主学习能力、探索精神和创新意识。指导思想的确立,需紧密结合时代需求与教育发展趋势,明确精品课程建设的方向与目标,为后续工作奠定坚实的理论基础。

2.明确精品课程建设的目标

精品课程应成为体现现代教育理念、展现高水平教学成果的标志性项目。这些课程不仅要具备高度的学术性和实用性,还应成为引领教学改革、提升人才培养质量的排头兵。通过精品课程的建设,旨在形成一批具有广泛影响力、能够辐射带动其他课程发展的典范,从而全面提升学校的教学水平和教育质量,营造出浓厚的教书育人氛围。

3.落实精品课程教学理念

教学理念的革新是课程改革的前提和基础,它要求在教学过程中注重学生的全面发展,强调素质教育的重要性。精品课程应充分体现"以人为本"的教育理念,通过优化教学内容、改革教学方法和手段,激发学生的学习兴趣,培养他们的创新思维和实践能力。具体而言,各门课程应结合自身特点,将教学理念融入课程设计的每一个环节,从教材选用、课堂教学、讨论交流、作业布置到实践训练、考核评价等,全方位构建以学生为中心的教学模式,促进学生的全面发展。

4建立高效的管理机制

精品课程建设涉及多方面的工作,需要学校各部门之间的密切配合与协作。因此,应建立一套完善的管理体系,包括明确的职责分工、严格的监督评估机制以及有效的激励机制等。学校应与课程负责人签订责任书,明确建设任务和时间节点,定期进行检查和评估,确保课程建设的质量与进度。同时,还应加强教学督导,对课程建设过程进行全程跟踪和指导,及时发现并解决问题。此外,通过定期召开精品课程建设研讨会和中期考核等方式,加强经验交流与分享,不断推动精品课程建设的深入发展。

第二节 精品课程录播教室的建设

一、精品课程录播教室的建设要求

在构建面向高等教育精品课程的录播教室时,需遵循一系列严谨而前瞻的基本要求,以确保该类教室不仅能满足当前教学需求,还能适应未来教育技术的发展趋势。精品课程录播与资源管理系统的引入,成为实现这目标的关键路径。该系统深度契合全球范围内高等教育机构及专业培训组织对于高质量多媒体教学内容制作与分享的需求,通过集成智能录播与课件资源管理两大核心模块,全面提升了多媒体课件的制作效率与质量。

精品课程录播教室的总体设计理念,旨在通过对现有多媒体教室基础设施的智能化改造,实现教学资源的高效采集、处理与分发。此方案的核心优势在于其成本效益的最大化、操作的直观简便、系统扩展的便捷性以及运行的稳定可靠性,为教育资源的数字化转型提供了坚实的基础。

具体而言，精品课程录播教室系统应满足以下核心要求：第一，实时录制与直播能力。系统须具备对教室教学活动进行无延迟录制的功能，同时支持多种格式的多媒体课件录制，包括但不限于音频、视频、PPT讲解等，以确保教学内容的完整保留与即时传播。此外，系统还应支持实时授课的在线直播，打破空间限制，促进知识的广泛共享。第二，视频课件的全链条管理。构建一套完善的视频课件录制、后期编辑、存储管理及点播服务系统。该系统需能够与远程教学活动无缝对接，自动同步录制相关视频课程，并经过专业的编辑与整理后，上传至教学资源库，为学生提供灵活便捷的视频学习资源，满足个性化学习需求。第三，前瞻性的扩展性与兼容性。考虑到教育技术日新月异的发展速度，系统设计之初就应预留充足的扩展空间，确保能够轻松接入未来可能出现的高清乃至超高清录制设备，保持系统的长期适用性和技术领先性。第四，技术与经济的双重优化。在设备选型与软件开发上，应遵循“先进性与可靠性并重”的原则，力求在控制成本的同时，选用性能卓越、技术先进的软硬件产品。所有组件应遵循国家及行业的相关标准，确保系统的兼容性与互操作性。同时，应注重系统的可持续发展能力，通过模块化设计和技术预留，确保系统在较长一段时间内保持技术前沿，为教育创新提供持续支撑。

二、精品课程录播教室的建设内容

（一）多媒体教室

多媒体教室是课堂教学的现场，我们将布置多个音视频采集设备分别采集教师和学生的教学场景，多媒体录播教室可以实现独立的教学过程的实况录制和直播，也可以通过网络采集教师笔记本的VGA信号，完成多媒体课件的录播。

第一，视频采集部分：由2～4台摄像机和云台组成，用以拍摄教师活动和教室学生的场景。第二，声音采集部分：用于采集教师主播和现场声音，如学生的提问和回答等。第三，全自动录制：必须能实现老师自动跟踪和学生定位跟踪功能，老师自动跟踪系统要实现全教室的跟踪，学生定位跟踪系统要实现特写功能。第四，控制部分：可以实现对各路视音频的调节和监控，并可选择输出。包括调音台、云台控制器、摄像机镜头控制器、监视器、视频切换器等。第五，录播便携机：录播便携机既要负责教案的播放和教学素材的演示，又要采集音视频信号及教室屏幕。容许授课教师自带笔记本电脑，通过便携式移动录播机进行多媒体课件的录制和直播。录播便携机配置一块VGA采集卡用于采集教室主机或外带笔记本的桌面内容，并配置一块4路的音视频采集卡，实现同时4路教师和学生视频信号的采集。

（二）中心服务器机房

为了有效应对大规模用户并发参与网络教学活动的需求，建议在学校中枢服务器机房部署一台高性能核心服务器。该服务器将承担起教学资源统筹与实时直播传输的重任，其核心职能涵盖用户权限管理、课程体系架构维护以及向学生群体提供非实时模式下的在线视频点播服务。此外，为了确保丰富多样的多媒体教学资料得以妥善存储与高效访问，系统应当集成大容量存储设备，以充足的空间容纳预先录制的各类课程素材。此举不仅能够显著提升网络教学平台的运行效率与稳定性，还能极大丰富学习资源的可获取性，为构建高效、便捷、灵活的在线教育环境奠定坚实的基础。

三、精品课程录播教室的系统建设

（一）智能录播系统

智能录播系统是一套多媒体教学系统，主要包含直播、录制、监视等功能，该系统采用先进的流媒体技术，完全适应各种方式的远程教学、培训。系列软件适用于各种类型的网络。

智能录播系统可以利用普通的PC机、视频采集设备和麦克风实现多媒体教室的独立课程的录制与直播功能，也能够通过便携式录播一体机，配合VGA采集卡、多路音视频采集卡实现更为灵活的多媒体课件录播功能。采用该系统用户无须投入高昂的成本，就能够实现高质量、高可靠性的音视频，教师屏幕等多媒体协同录播功能，有效地节约时间和经费。

系统支持多种样式的课件录制方式，选用不同的导播策略可以对不同的教学场景进行优化，充分表现教学的情景，为学员提供多种样式的课件表现方式，增强学员的学习积极性。生成的课件既完整地保留了课堂教学的情景便于后期剪辑，同时又以最佳的导播效果表现课堂教学的情景，再现教学的真实情景与教学氛围，使学生身临其境。

系统采用微软WMV格式保存教学的情景，并支持单画面合成模式和多视频流导播模式，如果采用单画面模式可以将教师的屏幕、视频和学生视频合成在一个视频文件中，录制过程中可以通过策略改变布局，客户端无须安装任何插件即可通过各种播放器播放；而采用多视频流导播模式将多个视频流独立保存在文件中，录制和播放时都可以改变播放布局，以最佳的表现方式展现给用户。

（二）资源管理系统

资源管理系统作为一种高效的信息管理工具，其设计与实现依托于前沿的ASP.NET与VC++技术框架，并采用B/S（浏览器/服务器）架构，从而确保了系统的便捷安装与广泛部署能力。在诸多项目应用中，该资源管理系统扮演着核心门户的角色，特别是针对流媒体文件的存储与按需点播服务，为用户提供了极大的便利性与操作灵活性。

资源管理系统专注于管理由智能录播系统生成的各类教学课件及多样化的资源媒体。它不仅实现了对授课过程的完整录制与在线点播功能，还集成了用户管理、权限控制、目录结构维护、日志记录以及高效检索等一系列强大功能。这一综合设计使得授权用户能够不受时间与空间限制，随时访问并回顾教学场景及相关资料，极大地提升了教育资源的利用效率与教学效果。

(三)锁定跟踪系统

锁定跟踪系统作为一种高度集成的智能化技术装置,融合了光学、机械、电子、图像处理及声音传输等多领域技术精髓。该系统主要由目标追踪球形摄像机、无线麦克风组件、无线音频接收装置以及固定式传感器阵列构成,共同实现精准、稳定的目标跟踪与高质量音频采集功能。

在特性方面,锁定跟踪系统展现出卓越的环境适应性与目标锁定能力。其目标追踪球形摄像机凭借先进的位置感知算法与伺服驱动技术,能自动辨识并持续追踪指定目标,即便在复杂动态环境或多变光源条件下,亦能保持跟踪过程的平稳性,确保视频画面中心始终聚焦于目标,避免了因外界因素导致的图像抖动。此外,摄像机内置的背光补偿机制有效提升了强光背景下的图像清晰度,确保信息传达的完整性。系统采用标准化的RS-485总线控制架构,不仅兼容广泛的控制协议,还支持灵活的波特率配置,增强了系统的通用性与可扩展性。无线语音传输部分,则凭借双重抗干扰设计与专业级音频采集技术,实现了高保真度的声音再现,完美满足各类现场录音与扩声需求。尤为值得一提的是,该系统在设计上充分考虑了用户体验,目标对象仅需佩戴无线麦克风,无需额外传感器负担,极大地提升了使用的便捷性。

第三节 多媒体综合教室的建设

一、多媒体综合教室的建设需求

(一)多媒体综合教室建设的用户需求

在当代教育信息化浪潮中,多媒体综合教室的建设需求呈现出多元化与高层次发展态势。用户对于教室功能的集成化与智能化提出了更高要求，其中，集控能力的优化升级成为关键指标。高档PC机作为教学核心支撑，其性能与稳定性直接关乎教学质量。与此同时，数字视音频直播、数字监控、IP通信以及VOD/AOD/COD等多媒体教学功能的融入，已成为标准配置，满足了教育现代化的多元教学需求。

多媒体网络中控系统应运而生，作为新一代多媒体教室的核心设备，它高度集成了网络中控、数字视音频处理、多媒体教学、数字化监控及安防报警等多重功能模块，展现了强大的系统整合能力。该系统既能通过内置硬盘扩展实现PC功能，亦能借助网络操作系统分发软件，灵活转换为网络计算机角色，为教师机提供了可靠的备份与功能补充，确保了教学活动的连续性与高效性。依托校园网络平台，多媒体网络中控系统还能将各教室无缝连接，构建起一个统一的“网络多媒体教室生态系统”，实现资源的集中管理、智能控制与广泛的联网应用，显著提升了教育信息化的整体效能与教学质量。

（二）多媒体综合教室的物理建设需求

多媒体综合教室的物理建设需求聚焦于构建灵活高效的教学环境。教室设计需支持任意一间转化为主讲教室，实现教学信息的实时广播与智能组播，确保AV信号的无缝传输与存储，为课件制作与资源共享提供坚实基础。中央总控制室作为核心枢纽，统管所有多功能教室，协同多个专项副控制室，形成分级管理体系。借助IP网络，实现设备的远程与本地双重控制，确保教学活动的稳定运行与即时技术支持，满足现代教学对高度集成化、灵活应变物理空间的迫切需求。

（三）多媒体综合教室的功能建设需求

多媒体综合教室的功能建设需求聚焦于实现高效、智能的教学环境。中央集中控制系统通过IP网络，实现对所有教室设备的远程与本地双重控制，实时监测设备状态，确保教学顺畅，并支持教学过程、设备、讲台的远程控制及音视频信号的实时处理与广播。开放式教室设计融入钢结构电子讲台与防尘防盗吊箱,保护设备安全,简化操作流程,实现"即开即用"的便捷体验。视频直播功能在中央控制室调度下,实现教学资源的高效共享与灵活组播,支持定向、定时播放,满足个性化教学需求。同时,系统具备教学资源的实时采集、压缩、存储与点播功能,促进资源的循环利用。此外,集成的IP电话系统确保了控制室与教室间、教室相互间的即时通信,为教学管理与维护提供了便利,共同构建起一个高度集成、智能互动的多媒体综合教学空间。

二、多媒体综合教室的系统建设

(一)多媒体系统

多媒体系统作为现代教育技术的核心组成部分,已然成为提升教学质量与效率不可或缺的重要手段。该教学模式以计算机技术为基石,通过高度集成的多媒体工具,能够生动展现复杂的空间结构与抽象概念,以直观、形象的方式促进学生的认知加工,从而显著增强教学效果。鉴于此,众多高等教育机构纷纷投入资源,致力于构建先进的多媒体教室环境。然而,在实践过程中,由于对多媒体系统配置需求的误解及市场导向的偏差,部分高校在配置时过于追求高端化与时尚化,导致了资源的非必要消耗与资金浪费。因此,基于经济性与实用性的考量,探索并制定一套科学合理的多媒体系统硬件配置方案显得尤为重要。

多媒体系统的硬件配置涵盖了从高端到低端的不同档次,理想的配置应集成全面的输入输出设备,诸如摄像机、录像机、高分辨率图像扫描仪、彩色视频复制设备以及彩色打印机等,同时配备高效的展示平台、多媒体处理卡、大容量外部存储装置以及高性能计算机,以确保系统的全面功能与高效运行。尽管此类配置能够提供无与伦比的教学体验,但其高昂的成本对于多数高校而言构成了不小的财政压力,特别是在资源分配不均的地区,实现全面高端配置更是不切实际。因此,针对高校的实际情况与需求,设计一套成本效益比高、性能稳定的多媒体硬件配置方案成为当务之急。

（二）多媒体中央控制系统

随着多媒体电化教学、网络教学、远程教学等已在全国各地悄然兴起，各式各样的先进设备操作越来越复杂，使用户在使用时感到相当不便。多媒体中央控制系统利用计算机及微电脑技术对多媒体教室、会议室、多功能厅等功能教室中的各种设备进行集中控制、管理，以简单明了的按键方式提供给用户使用，将复杂的控制转化为简单的按键操作，真正实现"所见即所控"。

随着校园网络和多媒体教室的快速普及，多媒体网络教学系统正日益成为现代化校园的基础设施，它将综合集成传输包括教室、办公室、会议室等的语音、图像信号，对电脑设备、影音设备、演播设备、监控设备、环境设备进行集中及远程控制。

（三）多媒体教学系统

多媒体教学系统是新一代的教学系统。它集计算机多媒体教学、多媒体播控系统、计算机网络为一体，将高科技和教学、管理有机地结合在一起，是提高学校教学水平、改善学校教学质量和管理的重要手段，并且可以提高学生的学习兴趣和学习效率。

多媒体教学系统是将计算机及网络技术应用到教学领域形成的，将图像、声音、文字、动画等媒体融合起来，为学生提供丰富生动的教学素材，达到寓教于乐效果的新型教室。

目前高校的多媒体教学系统核心设备——教师机一般采用PC机作为教师机，播放教师授课所应用的图像、声音、文字、动画等教学素材，辅助教师授课，从而提高教学质量，同时，教室端多媒体网络中控基于标准PC架构，提供扩展能力，可与主控制室网络操作系统分发软件相结合实现网络计算机功能或通过增加本地硬盘实现本地计算机功能，作为教师机的备份或替代。

(四)数字监控系统

数字监控系统通过控制室端的数字监控平台实现对教室端情景的监看实现对教室端贵重设备的远程监控。同时该系统配合双视频流软件实现主讲教室与听课教室的双向视听、真正实现听课教室的无人值守、实现远程双/多视频流听课。这样针对目前各个学校扩招而师资力量相对匮乏的现状，可通过这种远程听课，让更多的学生听到名师的授课，进行示范教学。

在信息化教学日益普及的今天，数字监控系统平台作为校园安全管理、教学评估与远程教育的关键支撑，其建设与实践显得尤为重要。以下探讨数字监控系统平台的建设要点与实践应用。

1.控制室主要设备——数字监控平台

数字监控平台是整个监控系统的中枢，它承担着对教室等多场景的数字监控任务。该平台通过接收终端传回的视音频码流，实现了对教室环境的全面感知与实时监控。其显示功能灵活多样，既支持单画面显示，也支持4画面或9画面的多画面显示，满足了不同监控需求下的画面呈现。同时，平台还具备监听任一路音频的能力，使得监控人员能够实时获取教室内的声音信息，为教学评估与安全管理提供了有力支持。

在数据存储与回放方面，数字监控平台表现出色。它不仅能够对监控的视音频信号进行实时存储，还支持回放功能，便于监控人员随时查阅历史记录，为事件追溯与证据收集提供了可靠保障。此外，平台还提供了对云台等监控设备的操作接口，使得监控人员能够远程操控监控设备，实现更加精准的监控效果。值得注意的是，数字监控平台还具备强大的兼容性与扩展性。它支持多种格式的视音频码流输入，能够轻松接入不同型号的摄像头与拾音器。同时，通过配置相应的参数，如地址、组播地址、端口、云台ID等，平台能够灵活适应不同的监控场景与需求。这种灵活性与可扩展性为数字监控系统的广泛应用奠定了坚实基础。

在教室端，终端编码卡作为数字监控平台的重要组成部分，发挥着至关重要的作用。它配合教室端的视音频采集设备、摄像头套件等，实现了教室端视音频信号的编码与回传。编码卡通过接收模拟视频信号与模拟音频信号，将其数字化并实时压缩为H.264/G.722码流，然后通过PCI接口传送给主机CPU，最终经以太网接口发送到网络上。这一过程不仅保证了视音频信号的高质量传输，还实现了对监控数据的实时处理与存储。

2.双视频流/示范教学平台

双视频流教学平台是数字监控系统平台中的又一亮点。它通过同步传送教师授课的场景与教师使用的电子教案内容，实现了教学过程的全面记录与展示。这一平台支持四组信号的任意组合传输，包括镜头的视频与拾音器的音频、计算机的VGA输出与计算机的音频输出、实物展台的视频与音频以及镜头的视频与麦克风的音频等。这种灵活多样的信号组合方式，满足了不同教学场景下的需求，为教学评估与示范教学提供了丰富的素材。

在接收端，双视频流教学平台同样表现出色。它可以是多媒体网络中控，也可以是PC机，使得接收设备的选择更加灵活多样。教室工作站通过菜单进入接收状态后，能够同时显示被监看的计算机画面和监控的教室画面，且教室画面支持四种大小选择，满足了不同监控需求下的画面呈现效果。

双视频流教学平台的应用价值不言而喻。它不仅能够将教师的教学过程与课件内容同步记录并保存制作成教学评估素材，供观摩、评估使用；还能够通过远程传输与共享，实现跨地域的教学交流与协作。这种教学模式的创新与实践，不仅提升了教学质量与效率，还促进了教育资源的均衡分配与共享。

3.控制室扩展软件——远程监控平台

随着信息技术的不断发展与普及，远程监控已成为数字监控系统平台不可或缺的一部分。远程监控平台采用B/S结构管理平台，实现了在Internet上对省内任意教室的监考功能。这一平台的建设与实践，不仅提升了监考的便捷性与高效性，还为教学评估与安全管理提供了新的思路与手段。

远程监控平台分为省、市级用户与校级用户两个部分。省、市级用户共同使用一个部分,通过设置Web服务器来维护省内的区市、学校列表以及监考人员的信息和权限。这种设计使得监考人员能够轻松实现对省内各学校的监考任务,而无需关心每个学校的具体教室信息与IP地址。当监考人员需要对某一学校进行监考时,页面会自动跳转到校级服务器上,实现了跨层级的无缝对接与协同工作。

校级用户则使用另一个部分,每个学校都需配备一台Web服务器来支持远程监控平台的运行。校级服务器不仅负责维护校内的各教室信息,还承担着将内网的教室监考画面转发到Internet的任务。为了确保监考的安全性与可靠性,校级B/S结构管理平台还添加了权限验证部分,通过从省级服务器读取用户信息进行确认,有效防止了无关人员的非法连接与监考。

远程监控平台的实践应用效果显著。它不仅能够满足教学评估、考试监考等基本需求,还能够为远程教育、家校共育等创新教育模式提供有力支持。通过远程监控平台,家长可以实时了解孩子在校的学习情况与表现;教师可以通过远程观摩其他教师的教学过程来汲取经验、提升自我;学校管理者则可以通过远程监控来加强对校园安全与教学质量的监管力度。

(五)设备防盗系统

在高校教育信息化的快速发展中,教室作为知识传播与学术交流的重要场所,其内部配备的贵重教学设备如投影机、多媒体网络中控等,不仅承载着高效教学的重任,也是学校资产的重要组成部分。然而,随着设备价值的提升,其面临的安全风险也随之增加,特别是设备被盗或人为破坏的问题日益凸显。因此,构建一套完善、高效的设备防盗系统,对于保障教学秩序、维护学校资产安全具有重要意义。

1.被动式机械防盗设备

教室端配置的电子讲台与防尘防盗投影机吊箱,是被动式机械防盗设备的重要组成部分。这些设备采用高强度钢材制造,如GB1.5mm厚的宝钢冷轧钢板，不仅结构坚固，而且设计巧妙。电子讲台通过滑轨式推拉与翻盖相结合的柜门设计，以及边角部位的圆弧过渡和表面静电喷涂处理，既美观又耐用，有效防止了外部的物理破坏和非法入侵。讲台内的设备被锁闭在柜内，使用者仅能操作而无法搬动，进一步增强了设备的安全性。

防尘防盗投影机吊箱同样采用坚固的钢材制造，并配备了空气滤清器和强力排风扇，既保证了投影机的散热效果，又有效防止了灰尘的侵入，延长了设备的使用寿命。吊箱的后门采用十字锁设计，底部设有调节螺丝，方便调整投影机镜头位置，同时吊杆的可伸缩结构也便于安装与调试，实现了功能与安全的完美结合。

2.智能安防系统

在被动式机械防盗设备的基础上，智能安防系统为教室端贵重设备提供了更为全面的主动防护。多媒体网络中控作为教室端的核心设备，可配置安防报警模块，实现门磁开关、双鉴探测器、暗线保护等多种报警功能。这些探测器如同教室的“眼睛”，时刻监控着教室内的异常情况。

当探测器检测到异常信号时，如门未关好、有探测对象出现或线路被剪断等，会立即将报警信号转换为数字信号，并通过网络传送到主控室或安防监控值班室的监控主机上。监控主机上的报警软件接收到信号后，会迅速在电子地图上显示报警位置，并通过声光提示值班人员及时采取措施。同时，教室端也会发出声光报警，以震慑破坏者并提醒周边人员注意。

3.安防报警软件

安防报警软件是智能安防系统的“大脑”，它负责接收、处理并展示报警信息。该软件运行于Windows操作系统，用户界面友好，采用多媒体显示方式，使得值班人员能够直观、快速地了解报警情况。软件不仅具备强大的自动化功能，还能够根据预设规则自动处理报警信息，减轻了值班人员的工作负担。

此外，安防报警软件还支持联网报警功能，能够与教室端的报警探测设备紧密配合，实现跨教室、跨楼层的全面监控。在控制室端配置的闪灯和声光报警装置,更是为值班人员提供了直观的报警提示,确保了报警信息的及时传递和处理。

4.电气安全性

在设备防盗系统中,电气安全性同样不容忽视。系统通过时序通断电功能,有效保护了音箱等贵重设备免受瞬间强电流的冲击,延长了设备的使用寿命。投影机延时断电功能则确保了投影机在使用完毕后能够得到充分的散热,避免了因非正常断电而导致的灯泡损坏。同时,设备还配备了漏电保护开关并进行了接地处理,确保了用电安全无虞。

第四节 闭路电视系统的建设应用

一、闭路电视系统建设的作用

(一)现场直播——打破时空界限,增强教育实效

闭路电视系统的现场直播功能,为高校教育教学活动开辟了新的传播渠道。传统的教学活动往往受限于物理空间和时间安排,难以实现大规模、高效率的信息传递,而通过闭路电视系统,无论是集体授课、开学典礼还是结业仪式,都能以实时、直观的方式呈现给每一位学生。这种传播方式不仅确保了信息的准确传达,避免了因后期剪辑可能引发的误解或质疑,还极大地增强了活动的现场感和互动性。学生在观看直播时,仿佛“置身”现场,能够更深刻地感受到活动的氛围,从而引发思想上的共鸣和共识,促进对事件的深入思考和讨论。

(二)新课程推广——激发主体意识,促进主动学习

高校新课改强调以学生发展为本,倡导主体参与、探究学习的教学理念。闭路电视系统在这一背景下,成为推广新课程、实施素质教育的重要工

具。通过闭路电视,教师可以创造性地为学生创设参与条件,如让学生参与直播节目的制作、控制器的操作、教学内容的分析等,使学生在实践中学习,在学习中实践,从而激发他们的学习兴趣和主动性。同时,闭路电视系统的应用也为教师提供了多样化的评价手段,即使学生在尝试中出现错误,也能通过积极的反馈和激励,引导学生认识到错误的价值,从而培养其坚韧不拔的学习精神和正确的价值观。

(三)道德教育创新——榜样引领,情感共鸣

闭路电视系统在道德教育中的应用,为高校德育工作开辟了新的路径。通过引入各行各业具有代表性的榜样人物,以他们的精彩人生和感人事迹为素材,通过“看、评、想”的方式,使学生在观看中受到熏陶,在思考中得到启发,将榜样的行为转化为自身的行动指南。这种教育方式直观、形象、具体,具有较强的感染力和说服力,能够有效地促进学生道德品质的提升和人生观的形成。

闭路电视系统的这一功能,不仅丰富了道德教育的内容,还提高了教育的针对性和实效性。它使得道德教育不再局限于课堂和书本,而是与生活实际紧密结合,让学生在榜样的引领下,学会自我反思、自我提升,逐步形成正确的人生观、世界观和价值观。

(四)辅助资源建设——资源共享,教学优化

闭路电视系统还是高校课堂教学辅助资源建设的重要平台。在教学实践中,一线教师积累了大量的视频资源,这些资源往往具有高度的针对性和实用性,但由于缺乏有效的交流和推广机制,往往成为教师的“私有财产”,无法充分发挥其教育价值。闭路电视系统的应用,为这些资源的共享和推广提供了可能。另外,通过科学的筛选和整理,高校可以建立起一套丰富多样的视频资源库,供全校教师使用。这不仅避免了教育资源的浪费,还促进了教学资源的优化配置和高效利用。同时,视频资源的共享也激发了教师

在课程资源建设中的创造性和积极性，促进了教学内容和方法的不断创新。学生在这一过程中，能够接触到更加丰富、多元的知识，其知识积累、能力培养和素质提升都将得到显著增强。

二、闭路电视系统建设中的总体设计

（一）系统总体结构概述

1.卫星电视节目接收系统

卫星电视节目接收是闭路电视系统的重要功能之一。考虑到成本效益与接收效果，高校在选择接收设备时，倾向于采用性价比较高的家用型卫星接收机。随着卫星传输技术的数字化，只要信号强度满足基本要求，家用接收机即能稳定解码，输出接近DVD质量的音视频信号，无需昂贵的专业工程机。针对国内免费电视节目资源丰富的亚洲3S号同步卫星，采用1.5米口径的中卫或其他品牌正馈天线，配合C波段双本振多用户型高频头，即可满足多数高校的接收需求。若需接收更多节目，可考虑采用一锅多星或多面天线方案，以扩大接收范围。

卫星信号经天线接收后，通过高频头降频，再由功分器分配至各卫星接收机。接收机解调出音视频信号，送至调制器进行频道转换，最终生成系统所需的射频信号，经放大后分配至校园内各终端电视机，实现节目的广泛传播。

2.本地电视节目接收系统

高校本地无线电视节目的接收与整合，是闭路电视系统不可忽视的环节。由于直接混合射频信号可能导致重影问题，影响观看质量，因此需采取特殊措施处理本地节目信号。目前，主要有两种解决方案：一是将无线信号转换为音视频信号后，再调制为特定频道的射频信号；二是采用差频技术，将无线信号的载频调整至所需频道，再混入系统传输。前者虽实施简便，但成本较高，需为每套节目配备单独的接收电路和调制器。后者则通过差频电路实现频率转换，成本较低且信号质量有保障，但需自制或定制差频器。

（二）信号接收与处理的关键技术

闭路电视系统的性能，很大程度上取决于信号接收与处理的效率与质量。无论是卫星信号还是本地无线信号，都需经过精确的接收、解调、调制与放大等过程，才能确保最终输出的音视频信号清晰、稳定。

在卫星信号接收方面，天线的对准与固定、高频头的选择与安装、接收机的配置与调试等，都是影响接收效果的关键因素。特别是在一锅多星或多面天线方案中，更需精确计算天线角度，优化信号接收路径，以减少信号干扰和衰减。

本地无线信号的接收，则更注重信号的纯净度与稳定性。采用差频技术时，差频器的设计与调试尤为关键。除了确保差频电路的性能外，还需考虑信号的抗干扰能力，以及与其他系统组件的兼容性。

第五节 数字化校园建设方案研究

一、机房智能化管理系统的建设方案

高校现代教育技术中心是集教学、科研和服务于一体，负责计算机基础教学，校园信息化、数字化建设，多媒体教学规划、建设、运行协调和管理，教育技术开发、推广、普及、应用等工作的教学单位。而作为下设网络中心的机房为整个校园网的核心和枢纽，它的运行状态如何将直接关系到整个学校的教学、科研和管理工作能否顺利进行，因而加强网络中心机房的科学管理就显得尤为重要。因此，制定一套有效的关于机房智能化管理系统方案就显得十分必要，该方案能对机房的配电、UPS、空调等环境设备及门禁、消防、保安、水循环系统和设施进行即时、完善的监测和智能化控制。同时，系统也应融合机房的管理措施。这样，机房所发生的各种事件，系统都能在给出指示信息的同时，结合机房的具体情况做出处理决策，提示值班人员进行操作或自动操作处理。对所有的事件及操作，系统都有科学的记录。

(一)机房管理的总体要求

高校网络中心机房,作为校园数字化信息的中枢与核心,承载着数据存储、交换及信息处理的重任,其稳定运行直接关系到学校教学、科研、管理以及对外信息交流的顺畅与高效。因此,对机房的管理必须达到高度的专业化、精细化与智能化,以确保机房环境满足各类微机电子设备与工作人员的严苛需求,涵盖温度、湿度、洁净度、电磁与噪声干扰控制、安全防护、应急后备、防泄漏、电源质量保障、振动控制以及防雷接地等多个维度,从而构建一个安全、可靠、实用、高效、连续运行且易于扩展的机房环境。

1.系统构成与集成管理

机房管理系统是一个复杂而精密的体系,主要由供配电系统、环境系统、消防系统、保安系统四大模块构成,各系统间相互独立又紧密联动,共同维护机房的安全与高效运行。供配电系统作为能源供应的基础,通过多级配电架构与不间断电源(UPS)的有机结合,确保电力供应的稳定性和连续性。环境系统则通过精密空调、新风系统及温湿度监控,为机房提供适宜的物理环境,同时利用漏水检测系统有效预防水患。消防系统采用先进的七氟丙烷自动灭火系统,结合智能感烟感温探测技术,实现火灾的早期预警与快速响应。保安系统则通过门禁管理、电视监控与报警系统,构建起全方位的安全防护网,确保机房资产与人员安全。

2.供配电系统的精细化管理

供配电系统的管理需实现全面监测与智能预警。通过数字式电源监测模块,实时追踪UPS输入电源的各项参数,包括电压、电流、频率、功率因数等,确保电力供应的平稳与均衡。一旦参数异常,系统应立即触发多媒体语音报警,并自动通知相关人员介入处理。同时,对发电机组的全面监控,包括电压、电流、频率、功率乃至水温、油压、转速等关键指标,确保备用电源随时处于待命状态。UPS系统的管理更是重中之重,通过智能通信接口与厂家协议对接，实现对UPS内部各组件的实时监测与故障诊断，确保在关键时刻能够迅速切换至备用电源，保障业务连续性。

3.环境系统的智能化调控

环境系统的管理需注重细节与智能化。空调系统通过智能控制器实现精准调控，根据机房实际需求自动调节温度、湿度，同时提供定时、远程控制等功能，确保机房环境始终保持在最佳状态。新风系统则负责引入新鲜空气，维持机房正压差，减少尘埃侵入，其智能控制器同样支持风力调节、故障报警与远程操控。漏水检测系统的部署，则是预防机房水灾的关键，通过实时监测与即时报警，有效避免水源泄漏对机房设备造成的损害。

4.消防与保安系统的严密防护

消防系统应采用无管网气体消防方案，如FM200七氟丙烷自动灭火系统，结合智能感烟感温探测器，实现火灾的早期发现与快速扑灭。系统应具备自动与手动双重启动模式，确保在紧急情况下能够迅速响应。保安系统则需构建多重防护网，门禁系统通过权限管理、进出记录与异常报警，严格控制人员出入；电视监控系统则对关键区域进行全天候监视，与公安110报警系统联网，提升应急响应速度。

5.服务器管理的精细化与智能化

服务器作为机房的核心资产，其管理需兼顾硬件与软件两个层面。硬件管理方面，应实时监测CPU利用率、内存占用、磁盘空间等关键指标，一旦异常立即报警，确保服务器性能稳定。软件管理则侧重于服务的可用性与会话状态，通过智能化管理系统对服务器提供的各项服务进行实时监控，确保软件运行正常，服务不中断。

（二）机房智能化管理系统的应用

在高校信息化建设的浪潮中，机房作为数据处理与存储的核心场所，其稳定高效运行是支撑教学活动、科研探索及日常管理顺利进行的关键。机房智能化管理系统,作为一种集成了现代信息技术、物联网技术与自动化控制技术的综合解决方案,正逐步成为高校提升机房管理水平、确保设备安全高效运行的重要工具。

1.环境管理

机房环境是维持设备正常运行的首要条件。智能化管理系统通过精密的环境监控机制,实现了对机房供配电系统、温湿度环境、精密空调以及消防系统的全面监测。系统底层部署的数据采集模块,如同神经末梢,实时捕捉设备通信卡上的各项参数与报警信息,并迅速将这些数据传输至管理主机进行分析处理。特别地,与大楼消防系统的无缝对接,使得火灾等紧急情况能够在第一时间被察觉并触发报警机制,有效缩短了响应时间,为机房安全筑起了一道坚实的防线。

2.服务器管理

服务器作为机房的心脏,其稳定性直接关系到业务系统的连续性与可靠性。智能化管理系统对服务器的管理采取了软硬兼施的策略。在硬件层面,系统通过软件工具持续监测CPU利用率、内存可用性、磁盘空间等关键指标,一旦数据异常,即根据预设的报警级别自动触发报警流程,确保维护人员能够迅速介入,将潜在问题扼杀于萌芽状态。软件层面,则聚焦于服务可用性的监控,特别是数据库服务及特定软件服务的运行状态,通过对数据库服务、数据处理、错误日志、数据库锁等关键参数的细致监控,以及对软件可用性和会话情况的实时跟踪,确保了服务器软件层面的健壮性,为业务系统的平稳运行提供了强有力的支撑。

3.网络管理

网络系统作为机房与外界沟通的桥梁,其稳定性与效率直接影响着数据的传输质量与速度。采用如NETCOOL这样的专业网络管理软件,不仅实现了对多厂商设备、即时故障处理、跨平台支持的高效管理,还通过构建基础平台、监控平台与流程平台的三层架构,实现了网络管理的智能化与精细化。数据探针如同网络中的哨兵,实时捕捉网络设备与通信线路的数据变化;监控平台则充当数据分析与处理的中枢,将原始数据转化为直观的网络性能报告、事件统计图及动态网络拓扑图,为管理员提供了全面的网络视图;流程平台则确保了信息的及时传递与响应,通过邮件、短信、自动语音呼叫等多种方式,确保预警与故障信息能够迅速传达至相关人员,有效缩短了故障处理周期,保障了网络系统的持续稳定运行。

二、教学联合体网站平台的建设方案

(一)教学联合体网站的设计

1.功能模块设计

高校教学联合体网站的功能模块设计,需紧密围绕教学联合的核心目标,即资源共享、教学管理、协作学习与用户管理。这一设计思路不仅体现了网站的实用性,也彰显了其促进教育合作与交流的深远意义。

第一用户管理模块:作为网站的基础,用户管理模块实现了对学生和教师两类用户的精细化管理。学生通过在线注册获得访问权限,注册流程严谨而人性化,包括信息填写、合法性校验、用户名唯一性检查及注册成功反馈,确保了用户信息的准确性与安全性。同时,允许用户随时修改个人资料,增强了用户体验的灵活性。教师用户则由系统管理员手工分配,确保了管理权限的合理性。

第二,资源中心模块:资源是高校教学联合体的核心,资源中心模块的设计充分体现了开放共享的理念。模块整合了联合体各高校的教学资源,包括文件、规章制度、招生就业信息及图书资源等,同时鼓励师生在使用过程中不断贡献新资源,形成了资源的动态积累与循环利用。用户可自由浏览、下载资源,甚至上传个人收藏,促进了知识的广泛传播与深度交流。

第三，教学管理模块：针对教学联合体的特殊需求，教学管理模块构建了跨校选修、学分互认、教师互聘等功能的综合管理平台。通过此模块，各高校可高效协调教学资源，优化教学安排，实现了教学管理的智能化与一体化，为教学联合体的稳定运行提供了有力支撑。

第四，协作学习模块：协作学习模块是教学联合体网站的创新亮点，它超越了传统论坛的功能，成为用户交流思想、分享经验、协作解决问题的重要平台。模块支持用户发起讨论主题、参与讨论、发布观点，同时提供了丰富的协作学习工具，如在线讨论、文件共享、协作编辑等，有效促进了联合体内部的知识共享与协同创新。

2.C/S处理流程

在高校教学联合体网站的三层结构设计中，C/S（客户端/服务器）处理流程的优化是提升网站性能与用户体验的关键。通过减少服务器端的负担，让更多的代码在客户端执行，如使用JavaScript脚本语言进行即时输入验证，不仅提高了响应速度，也减轻了服务器的压力。

客户端与服务器之间的通信采用标准的HTTP协议，确保了数据传输的可靠性与兼容性。当用户通过客户端发起请求时，服务器端的IIS（Internet Information Services）接收请求，并通过ISAPI（Internet Server Application Programming Interface）接口调用ASP（Active Server Pages）页面进行处理。ASP页面根据请求内容，执行相应的逻辑操作，如数据库查询、数据处理等，最终生成HTML页面返回给客户端，实现了信息的动态交互与呈现。

（二）教学联合体网站的安全性

1.服务器双机热备

服务器双机热备技术，作为提升系统可靠性的重要手段，在教学联合体网站的安全性设计中占据了核心地位。通过采用MSCS（Microsoft Cluster Service）、NLB（Network Load Balance）及CLB（Component Load Balance）等集群技术,实现了服务器间的负载均衡与容错机制。这一设计不仅有效解决了高校网络拥塞问题,确保了服务就近提供,实现了地理位置的无关性,还极大提高了用户访问质量,加快了服务器响应速度,并优化了资源利用效率。更为重要的是,通过避免网络关键部位的单点失效,为教学联合体网站构筑了一道坚实的防线,确保了数据的安全与系统的稳定运行。

2.数据备份与恢复

数据作为教学联合体网站的核心资产,其安全性与完整性直接关系到教学活动的连续性与可靠性。因此,建立一套完善的数据备份与恢复机制至关重要。根据教学联合体网站平台及原有应用系统的需求,应采用高效的网络数据备份策略,结合专业的备份软件,实现固定周期的系统灾难恢复功能。特别是对于每日产生并传输至数据库系统的大量共享数据,建议采用磁带备份方式,以确保数据在面临意外情况时能够迅速恢复,从而保障教学活动的正常进行。

3.数据库的安全保护

数据库作为教学联合体网站的数据存储核心,其安全性直接关系到整个系统的安全水平。为了确保数据库通信的安全,应采用IP-SEC加密通信方式,实现数据传输过程中的加密保护,有效防止数据被非法截获或篡改。同时,通过数据库支持的认证授权机制,确保只有合法用户才能访问数据库,从而增强了系统的稳定性与可靠性。此外,通过定义数据库角色,将具有相同安全权限的用户分组管理,不仅简化了权限分配流程,还提高了权限管理的灵活性与精确性。通过将数据库登录映射到特定数据库用户,再将用户添加到数据库角色,并基于角色为数据库对象(如存储过程、表和视图等)分配访问权限,实现了细粒度的权限控制,进一步提升了数据库的安全防护能力。

参考文献

[1] 步瑞晨.教学管理信息化模式研究[J].求学,2020(43).

[2] 陈慧.高校信息化教师队伍建设[J].中国培训,2016(8).

[3] 陈宗涛,熊巍,袁静,等.高校教育教学改革与信息化建设融合研究[J].高教学刊,2024(5).

[4] 段玲玲,马伟杰,田雪.基于教育数字化转型的高校教师信息化教学能力提升[J].管理工程师,2024(5).

[5] 方悦,鲁晓璇.移动信息化背景下高校教师队伍建设探讨——以吉林工商学院为例[J].白城师范学院学报,2022(5).

[6] 冯莉,李鑫,霍焱.高校教学质量管理信息化平台构建[J].沈阳大学学报(社会科学版),2023(4).

[7] 宫宇强,杨文爽.高校教学管理信息化现状及建设对策[J].通化师范学院学报,2022(7).

[8] 顾恒栋.高校教学管理信息化建设的探索与实践[J].黑河学刊,2022(5).

[9] 郭亦鹏.高校教学管理信息化建设[M].长春:吉林大学出版社,2016.

[10] 贺天舒.高等教育信息化的改革与创新研究[M].北京:中国商务出版社,2023.

[11] 黄鸣.高校教学信息化支撑环境及其优化策略研究[D].武汉:华中师范大学,2017.

[12] 頡梦宁."互联网+"时代高校青年教师信息化教学能力培养策略[J].黑龙江高教研究,2018(11).

[13] 金晶.智慧教育时代高校教师信息化教学能力的发展路径研究[M].

南京:东南大学出版社,2023.

[14] 梁丽肖.教育信息化背景下高校管理机制探究[M].长春:吉林人民出版社,2021.

[15] 林震苍.微课视频高效制作流程方法研究[J].读与写,2020(4).

[16] 刘影.教育信息化2.0时代高校教学管理创新研究[J].产业与科技论坛,2024(8).

[17] 吕浔倩.大数据时代高校教学管理信息化建设路径研究[J].黑龙江教师发展学院学报,2022(2).

[18] 牛妍妍.高校教学督导评价信息化的实践与应用研究[J].吉林广播电视大学学报,2024(3).

[19] 田宇.线上线下混合式“专业英语”教学的设计与构建[J].科教导刊,2020(20).

[20] 汪应,陈光海,韩晋川.高校教师信息化教学能力构成研究[M].重庆:重庆大学出版社,2018.

[21] 王海涛,韩彪.高校教学新型信息化管理平台建设研究[J].淮南职业技术学院学报,2023(6).

[22] 王莹.智慧教育背景下高校教师信息化教学能力阶段性发展策略[J].长春师范大学学报,2023(7).

[23] 王志雄,陈凌文.教育数字化转型下高校教学质量评价信息化平台构建研究[J].科教导刊,2023(35).

[24] 许轶颖.新时期高校教学管理创新[M].哈尔滨:哈尔滨工程大学出版社,2023.

[25] 俞福丽.混合式教学模式下高校教师信息化素养提升路径研究[J].中国大学教学,2021(3).

[26] 张辉.高校教学信息化职能机构建设研究[D].南京:南京师范大学,2011:11.

[27] 张伟坤,麻华佳.数字时代高校师范生信息化教学核心能力建构与

培养[J].青海师范大学学报：社会科学版，2024(2).

[28] 张一春，钟秋菊，任屹远.高校教学信息化创新发展的核心内容与实践进路[J].电化教育研究，2024(2).

[29] 周安毅.信息化平台下的应用型本科高校教学质量评价体系构建研究[J].湖北开放职业学院学报，2021(12).

[30] 周永，雷任任.信息化背景下高校混合式教学模式的实践探索[J].经济师，2024(11).

[31] 庄汝龙，于雪洁，陆棒棒，等.高校教师信息化教学能力：问题识别、科学评测与提升路径[J].高教学刊，2024(21).

图书在版编目（CIP）数据

高校教学信息化研究 / 刘晓著. -- 湘潭 : 湘潭大学出版社, 2024. 3. -- ISBN 978-7-5687-1668-0
Ⅰ. G647.3
中国国家版本馆 CIP 数据核字第 20255Z0E73 号

高校教学信息化研究

GAOXIAO JIAOXUE XINXIHUA YANJIU

刘晓 著

策划编辑：刘文情
责任编辑：刘文情
封面设计：张 波
出版发行：湘潭大学出版社
社 址：湖南省湘潭大学工程训练大楼
电 话：0731-58298960 0731-58298966（传真）
邮 编：411105
网 址：http://press.xtu.edu.cn/
印 刷：长沙印通印刷有限公司
经 销：湖南省新华书店
开 本：710 mm×1000 mm 1/16
印 张：11.5
字 数：201 千字
版 次：2024 年 3 月第 1 版
印 次：2024 年 3 月第 1 次印刷
书 号：ISBN 978-7-5687-1668-0
定 价：68.00 元